"十四五"职业教育国家规划教材

| 职业教育电子商务专业 系列教材 |

网络客户服务实务

（第3版）

主　编 / 廖文硕

副主编 / 王　菲　张绍华　彭翔英

参　编 / （排名不分先后）

李　婧　颜小玉　周运姐

冷凌云　孙娅丽

重庆大学出版社

内容提要

本书主要由走进网络客服、准备在线接待、提供语音客户服务、在线接待客户、订单处理、打包发货、完成售后服务、维护客户关系8个项目组成,是电子商务及相关专业的专业课用书。

本书通过对电子商务企业客服工作的重点内容进行项目、任务的设计,让学生在实际任务中学会网络客服的基础知识和网络客服技巧,掌握网络客服岗位的基本技能,具备网络客服的基本素养;掌握客服工作流程,做好售前、售中、售后知识储备、流程培训;掌握客服沟通技巧;熟练应用各种客户关系管理工具及方法对客户进行管理和维护。让学生尽快进入客服角色,成为具备一定实战能力的客服人员,顺利投入客服岗位工作。

图书在版编目(CIP)数据

网络客户服务实务 / 廖文硕主编. -- 3 版. -- 重庆:
重庆大学出版社,2022.12(2025.2 重印)
职业教育电子商务专业系列教材
ISBN 978-7-5624-9592-5

Ⅰ. ①网… Ⅱ. ①廖… Ⅲ. ①电子商务—商业服务—
职业教育—教材 Ⅳ. ①F713.36

中国版本图书馆 CIP 数据核字(2022)第 024919 号

网络客户服务实务(第3版)
WANGLUO KEHU FUWU SHIWU
主 编 廖文硕
副主编 王 菲 张绍华 彭翔英
责任编辑:王海琼 版式设计:王海琼
责任校对:邹 忌 责任印制:赵 晟
*
重庆大学出版社出版发行
出版人:陈晓阳
社址:重庆市沙坪坝区大学城西路 21 号
邮编:401331
电话:(023) 88617190 88617185(中小学)
传真:(023) 88617186 88617166
网址:http://www.cqup.com.cn
邮箱:fxk@ cqup.com.cn(营销中心)
全国新华书店经销
重庆市正前方彩色印刷有限公司印刷
*

开本:787mm×1092mm 1/16 印张:13.25 字数:349 千
2016 年 1 月第 1 版 2022 年 12 月第 3 版 2025 年 2 月第 19 次印刷
印数:63 001—67 000
ISBN 978-7-5624-9592-5 定价:49.00 元

编写人员名单

主　编　廖文硕　珠海市第一中等职业学校

副主编　王　菲　珠海市第一中等职业学校

　　　　　张绍华　东莞市经济贸易学校

　　　　　彭翔英　佛山市南海区信息技术学校

参　编（排名不分先后）

　　　　　李　婧　珠海市第一中等职业学校

　　　　　颜小玉　佛山市南海区盐步职业技术学校

　　　　　周运姐　惠州城市职业学院

　　　　　冷凌云　佛山市南海区信息技术学校

　　　　　孙娅丽　西科钟表（珠海市海昌精工机械设备中心）

我国的电子商务一直保持快速增长势头,2021年全国网上零售额为13.09亿元,同比增长14.1%。《"十四五"电子商务发展规划》中提到,到2025年,中国电子商务交易额预计超过46万亿元、网络零售总额达到17万亿元左右、相关从业者超过7 000万人。网络客服作为与客户直接联系的一线业务人员,在电商企业中尤为重要。随着我国电子商务的发展,网络客服工作职责及内容也悄然发生了变化。如智能客服的出现,智能客服训练师成为网络客服的进阶岗位;又如大数据分析技术的应用,客户服务可以更加个性化。为了适应各种变化,适应网络客服岗位培训的要求,本书进行了修订。

本书于2016年1月出版后,受到全国各地读者的好评,于2019年被遴选为"十三五"职业教育国家规划教材。电子商务发展迅猛,作为其中的重要组成部分,网络客户服务的技术也有了很大的变化。在工具方面,界面不断更新,功能更加丰富;在接待方式方面,从全程人工接待逐步向智能客服与人工客服相配合发展;在应答技巧依据方面,除了传统的消费者心理学,又增加了对客户足迹、加购、已购订单等数据的分析。面对这些变化,本书的编者们于2019年5月启动了第三版的修订,经过多次线上讨论、企业调研、结合教学实践修改、企业专家审稿等流程,于2022年1月修订完毕。本次修订在原版的基础上主要进行了以下改进:

1.以"立德树人"为导向,党的二十大精神进教材,将课程思政以文字和二维码形式呈现,实线纸质教材+数字资源的有机结合。

2.项目1"走近网络客服"改为"走进网络客服",以入职培训为主线,调整了任务内容,增强网络客服岗位体验感。同时将任务4调整到项目2,使得任务线更清晰。

3.项目3"提供语音客户服务"由原来4个任务调整为3个任务,使项目结构更加合理,业务处理更加顺理成章。

4.进一步丰富教学素材,如添加了语音听力训练素材、语音对话素材、客服绩效考核详细指标、各种应对技巧例句等,更加方便师生使用本书进行教与学。

5.更新了所有软件的界面,添加客服工具的新功能学习等。

6.删除了原来的趣味问答,并在每个项目后设置适合大部分教学环境的综合实训,既体现了"做中学"的教学理念,也为教师设计课堂实操任务提供了参考。

7.完善了全书的评价体系,本书为每个项目检测都提供了评分标准,并把得分等级划分为:菜鸟客服、银牌客服、金牌客服等,既提高了学习乐趣,同时也起到激励的作用。

本书主要通过电子商务企业客服部的任务设置了走进网络客服、准备在线接待、提供语音客户服务、在线接待客户、订单处理、打包发货、完成售后服务、维护客户关系8个项目,让学生在实际任务中,学习网络客服的基础知识和网络客服技巧,掌握网络客服岗位的基本技能,具备网络客服的基本素养;掌握客服的工作流程,做好售前知识储备、售中客户应对、售后问题处理;掌握数据分析方法以及客服沟通技巧;熟练使用各种软件、工具对客户进行应答、关怀、管理和维护。让学生毕业后能尽快进入客服岗位角色,顺利投入工作岗位。

本书秉承原版的特色,针对职业类学生特点,以网络客服实际业务为引领,以网络客服的工作流程为主线,设计网络客服所需的项目、任务。修订后,更加重视实用性、可操作性。增加了教学素材,完善了课程评价体系,条理清晰、结构完整。

采用本书进行教学时可参考学时分配如下:

序 号	项 目	参考学时
1	走进网络客服	8
2	准备在线接待	10
3	提供语音客户服务	8
4	在线接待客户	10
5	处理订单	8
6	打包发货	10
7	完成售后服务	10
8	维护客户关系	8
合 计		72

本书配有电子课件、电子教案、素材、试卷等供教师教学参考,需要者可到重庆大学出版社的资源网站(www.cqup.com.cn)下载。

本书由廖文硕担任主编,王菲、张绍华和彭翔英担任副主编。其中,项目1由李婧编写,项目2由颜小玉编写,项目3由张绍华编写,项目4由彭翔英、冷凌云编写,项目5、6由王菲编写,项目7由周运姐编写,项目8由孙娅丽、廖文硕编写。

本书在修订过程中,浏览了许多相关网站,借鉴、引用了相关网店运营、网络客服的资料,并得到了许多电商企业以及众多老师的反馈意见,在此深表感谢。由于编者水平有限,书中难免存在疏漏之处,敬请广大读者批评指正。

编 者
2022 年 1 月

近年来,我国电子商务交易额增长率一直保持快速增长势头,并以 GDP 7%~9%的2~3倍的速率在增长。特别是网络零售市场更是发展迅速,2012 年达到 13 110 亿元。在电子商务各细分行业中,B2B 电子商务占比 80.4%,2013 年交易额达 8.2 万亿元,同比增长 31.2%;网络零售交易规模市场份额占比 17.6%,交易规模达 18 851 亿元,同比增长42.8%。网络团购占比 0.6%;其他占 1.4%。2013 年我国网络零售市场交易规模为 1.85 亿元,成为电子商务大国。而 2013 年阿里巴巴"11·11"节日交易额达到 350 亿元,2014 年天猫"11·11"购物狂欢节成交额达 571 亿元,2015 年天猫"11.11"全球狂欢节最终以 912.17 亿元交易额落下帷幕! 其中,无线交易额为 626亿元,无线占比 68.67%。更是让人们看到我国网络零售市场发展的巨大潜力。

网络零售市场中网络客服承担着企业与客户首次沟通的桥梁作用,在企业开展网络营销项目的过程中至关重要,在整个网络营销体系肩负着承上启下的重任。因此,网络在线客服工作的好坏,直接影响着企业网站的转化率,进而影响到成交量,关乎着企业的效益。

本书通过电子商务企业客服部的任务设置,包括走近网络客服、使用网络工具、提供语音客户服务、在线接待客户、处理订单、打包发货、完成售后服务、维护客户关系 8 个项目,让学生在实际任务中,学习网络客服的基础知识和网络客服技巧,掌握网络客服岗位的基本技能,具备网络客服的基本素养;掌握客服的工作流程,做好售前知识储备,流程培训和准备;掌握客服沟通技巧;熟练应用各种客户关系管理工具及方法对客户进行管理和维护。让学生毕业后能尽快进入客服岗位角色,顺利投入工作岗位。

本书针对中职类学生特点,以网络客服实际业务为引领,以网络客服的工作流程为主线,设计网络客服所需的项目、任务,重视实用性、可操作性,条理清晰,重点明确,力求全面、实用、凝练。

采用本书进行教学时可参考学时分配如下:

序号	项 目	参考学时
1	走近网络客服	8
2	使用网络工具	10
3	提供语音客户服务	8
4	在线接待客户	10
5	处理订单	8
6	打包发货	8
7	完成售后服务	10
8	维护客户关系	8
合 计		70

本书配有电子课件和试卷供教师教学参考，需要者可到重庆大学出版社的资源网站(www.cqup.com.cn，密码和用户名:cqup)下载。

本书由珠海市第一中等职业学校廖文硕担任主编;东莞市经济贸易学校张绍华以及珠海市第一中等职业学校王菲担任副主编。其中，项目1由李婧编写;项目2由颜小玉编写;项目3由张绍华编写;项目4由罗娟编写;项目5、项目6由王菲编写;项目7由周运姐编写;项目8由孙娅丽编写。

本书在编写过程中，浏览了许多相关网站，借鉴、引用了相关网站运营、网络客服的资料，并得到许多网商企业以及广东职业技术师范学院潘晨、吴成治的大力支持，在此深表感谢。由于编者水平有限，时间较紧，书中难免出现疏漏，敬请广大读者批评指正。

编　者

2015 年 11 月

▮▮▮▮ 项目 4 在线接待客户

▮▮▮▮ 项目 5 订单处理

参考文献

项目 1
走进网络客服

【项目综述】

网络客服要通过互联网，利用各种网络通信工具，特别是即时通信工具，为客户提供咨询、发货、跟踪订单、售后处理等服务，工作内容主要包括引导客户购物，解答客户问题，提供技术支持，消除客户不满情绪等。

小华是一名刚进入实习期的学生，她的目标是成为一名网络客服。通过客服岗位竞聘上岗，小华被某生活网络超市有限责任公司（简称"生活超市"）录取，分配到客服部。在入职培训期间，培训经理向实习客服们介绍了公司及客服岗位的组织架构、工作流程及岗位职责，分析客服岗位的技能和素质要求、初步认识客服使用的工作平台，了解客服的绩效考核和晋升渠道，强调服务意识和信息安全。通过培训，小华迈出了客服实习生涯的第一步，为自己设定客服成长目标，用心用情精准服务，在平凡的岗位上创造不平凡的业绩。

【项目目标】

通过本项目的学习，应达到的具体目标如下：

知识目标

◇认识网络客服岗位。

◇了解网络客服的考核和晋升渠道。

◇认识网络客服工作平台。

能力目标

◇能熟知客服岗位技能。

◇能进行客服的绩效考核评价。

◇能基本操作网络客服工作平台。

素质目标

◇培养学生爱岗敬业、诚实守信的价值观。

◇培养学生良好的服务意识、积极的心态、良好的心理素质。

◇培养学生团队协作能力、吃苦耐劳的精神。

【项目思维导图】

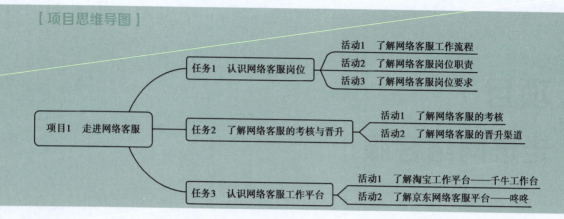

任务 1 〉〉〉〉〉〉
认识网络客服岗位

情境设计

生活超市是网络自营公司，主要在淘宝/天猫、京东、拼多多上开店进行日用百货的销售，有较优的供应链，客服部门分平台进行服务，由 1 名客服经理，1 名副经理管辖 3 名客服组长，每位客服组长管辖多名客服人员。小华作为一名刚刚入职的实习客服，需要了解公司客服的岗位工作流程，明确客服岗位的技能和素质要求。

任务分解

通过了解网络客服部门组织架构及客服工作流程，了解客服岗位技能和素质要求。本任务可以分解为：了解客服岗位的工作流程，了解客服岗位的岗位职责，了解客服岗位的技能、素质要求。

活动 1 了解网络客服工作流程

活动背景

小华和应聘客服的小伙伴到公司进行培训，培训经理介绍了公司从开始几十件商品到现在多品类上千件商品销售，从单一平台销售到现在多平台销售的发展历程，并带领大家参观了人员众多的客服部门，讲述了客服部门的组织架构从单一架构到目前的多平台组织架构，以及客服工作分工和流程，小华对网络客服工作流程有了实质上的认知。

活动实施

1. 客服部门的组织架构

（1）单一平台销售的电子商务企业，如天猫或者淘宝店铺等，大部分采用售前、售中、售后的分类架构，如图 1.1 所示。优点：专业化程度比较高，问题归属明确。缺点：客服对业务的了解不全面，如售中客服不能在客户咨询售后问题时给予准确回答。

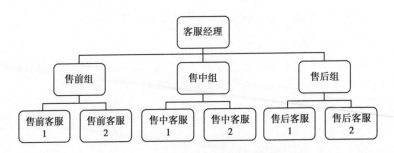

图 1.1　单一平台企业客服基本组织架构

（2）使用多个平台的电子商务企业则倾向于根据平台进行设计，基本架构如图 1.2 所示。该架构优点是不同平台客服独立管理，同时售前、售中、售后的沟通较顺畅；缺点是由于客服人员需要专职专用，所以需要聘请较多的客服人员，不适合规模较小且使用平台较少的电子商务企业。

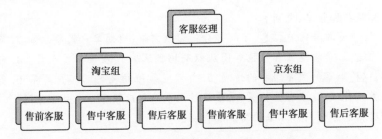

图 1.2　多平台企业客服部门基本组织架构

?? 想一想　如果是小规模的电子商务公司，什么样的客服组织架构比较合适？

做一做　根据生活超市目前的业务特点，分析并画出客服部门的组织结构图。

2. 网络客服的工作流程

网络客服的工作是基于互联网的一种客户服务工作过程，包括售前服务、售中服务、售后服务、销售服务、技术服务及中差评引导服务等。生活超市是以多平台运营为主的电商公司，网络客服的工作流程如图 1.3 所示。

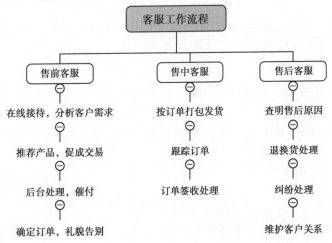

图 1.3　客服岗位工作流程

??想一想 根据网络客服工作流程,想一想客服岗位需要做什么。

活动小结

小华通过培训了解了生活超市的主要经营情况和客服部的组织架构、网络客服的工作流程,明确了网络客服的岗位分工,为学习客服岗位职责要求打下基础。

活动2 了解网络客服岗位职责

活动背景

网络客服不仅仅是简简单单地回答顾客的问题,还包括如何向外推广自家的店铺,推销自己的产品以及服务。那么一名合格的网络客服除了与客户沟通之外,还有哪些职责呢?

活动实施

生活超市客服招聘信息:电商客服

岗位职责:1. 负责收集客户信息,了解并分析客户需求,规划客户服务方案。2. 负责进行有效的客户管理和沟通。3. 负责建立客户服务团队以及培训客户代表等相关人员。4. 定期或不定期进行客户回访,以检查客户关系维护的情况。5. 负责发展维护良好的客户关系。6. 负责组织公司产品的售后服务工作。7. 建立客户档案、质量跟踪记录等售后服务信息管理系统。

从公司招聘信息分析网络客服的岗位职责有:

??想一想 你认为网络客服、组长、客服经理的岗位职责分别包括哪些内容?

做一做 根据生活超市客服的组织架构,分析不同岗位的岗位职责。

合作实训

每组3位同学,分别应聘客服经理、客服组长、客服人员,在网络上搜索企业的招聘信息,按照岗位整理客服岗位职责。

活动评价

小华原以为客服主要是与顾客对话沟通,看过招聘信息的岗位职责要求后发现还有许多有意义的工作需要完成,这些职责都是为了能够更好地服务顾客。所以小华决定要潜心学习,掌握客服岗位的技能及职业素养,成为一名优秀的网络客服。

活动3 了解网络客服岗位要求

活动背景

小华在岗前培训中了解了公司网络客服岗位职责,知道网络客服需要做什么,作为实习客服,要求在每个客服组轮岗实习一个月。因此,小华需要学习网络客服需要的技能以及提升职业素养。

活动实施

生活超市电子商务客服招聘信息：

任职要求：学历高中以上，1 年以上经验者优先考虑。中文盲打每分钟达 60 字以上；能够熟练应用 Office 办公软件，具备基本的网络知识；有基本的客服话术技巧，普通话标准；有良好的沟通能力，熟悉各类网络聊天工具；对待客户细心、耐心、用心，工作细致责任心强。具有良好的沟通能力、应变能力。有良好的服务意识，积极的心态、良好的心理素质，能抵抗高压。有团队协作能力，吃苦耐劳。

第 1 步：从公司招聘信息里分析网络客服的技能要求。

①	
②	
③	
④	
⑤	

第 2 步：从公司招聘信息分析网络客服的职业素养要求。

①	
②	
③	
④	
⑤	

🖉 做一做

查找网络客服的招聘信息，整理客服岗位技能和职业素养基本要求。

利用搜索引擎登录招聘网站，查找网络客服的招聘信息，将对学历要求不同的公司和岗位要求记录下来，并注明招聘网站，完成表 1.1。

表 1.1   利用搜索引擎了解客服招聘岗位

公　司	学历要求	岗位要求	薪　资

每日一练：根据以上的技能要求，小华开始了"技能常规练习"：要求中文盲打每分钟 60 字以上，准确率 95% 以上；英文盲打每分钟 150 字以上，准确率 95% 以上。每天花 10 分钟练习打字技能，截图保存。请你用 Excel 制作表 1.2，记录你一个学期的打字记录及速度提升。

表1.2　我的打字成长记录

日　　期	字/分钟	较前一天进步字数

合作实训

每组3～6名同学组成某电子商务企业的网络客服部，为自己部门设计组织架构，并画出相应的组织架构图。每位同学安排一个岗位，并写出相应岗位职责和技能、素质要求。

任务2 》》》》》》
了解网络客服的考核与晋升

情境设计

生活超市客服部门设置有经理、副经理、组长和客服等岗位，公司对不同的岗位设定了相对应的考核标准，用于评价客服部门员工的绩效和工作能力，作为晋升的参考指标。小华作为一名刚刚入职的实习客服，需要了解公司客服的考核标准和晋升途径，为自己设定工作目标和发展目标。

任务分解

通过了解网络客服部门考核标准和晋升途径，设定客服岗位目标和发展目标。本任务可以分解为：了解网络客服考核标准，了解网络客服晋升途径。

活动1　了解网络客服的考核

活动背景

客服工作跟其他工作一样都有考核标准，而客服的考核标准有一套非常科学的体系。生活超市的客服人员每月有一次月度绩效考核，每年有一次年度绩效考核。考核通过才能继续晋升，考核没有通过会被降职，甚至会被辞退。因此，必须好好根据绩效考核标准，做好岗位工作。

活动实施

第1步：了解客服的绩效考核制度。

表1.3是生活超市的客服人员的绩效考核标准表，作为客服人员必须清楚客服绩效考核指标。

表1.3 客服人员月度绩效考核标准表

考核指标	考核公式	考核标准			
		实习客服	客 服	银牌客服	金牌客服
订单处理及时率（15分）	（月订单总数−未及时处理订单）/月订单总数×100%	达到80%，得12分，没有达到，需要倒扣分，每降低1%减1分，低于70%得0分	达到85%，得13分，没有达到，需要倒扣分，每降低1%减1分，低于70%得0分	达到90%，得14分，没有达到，需要倒扣分，每降低1%减1分，低于80%得0分	达到95%，得15分，没有达到，需要倒扣分，每降低1%减1分，低于80%得0分
顾客满意度（30分）	满意顾客数/顾客总数×100%	达到90%，得23分，没有达到，需要倒扣分，每降低1%减2分，低于80%得0分	达到95%，得25分，没有达到，需要倒扣分，每降低1%减2分，低于85%得0分	达到97%，得27分，没有达到，需要倒扣分，每降低1%减2分，低于85%得0分	达到98%，得30分，没有达到，需要倒扣分，每降低1%减2分，低于85%得0分
转化率(20分)	（转化次数÷点击量×100%）（达到65%及格）	5%～10%得14分，没有达到，需要倒扣分，每降低1%减3分，低于1%得0分	11%～15%得16分，没有达到，需要倒扣分，每降低1%减3分，低于5%得0分	16%～20%得18分，没有达到，需要倒扣分，每降低1%减3分，低于10%得0分	21%以上得20分，没有达到，需要倒扣分，每降低1%减3分，低于15%得0分
客单价(15分)	销售总数÷顾客总数(120及格)	100～110得12分，没有达到，需要倒扣分，每降低1%减1分，低于100得0分	110～120得13分，没有达到，需要倒扣分，每降低1%减1分，低于100得0分	120～130得14分，没有达到，需要倒扣分，每降低1%减1分，低于110得0分	130以上得15分，没有达到，需要倒扣分，每降低1%减1分，低于120得0分
回复率(20分)	回复正常数/回复总数×100%	97%～98%得14分，没有达到，需要倒扣分，每降低1%减1分，低于90%得0分	98%～99%得16分，没有达到，需要倒扣分，每降低1%减1分，低于90%得0分	99%～100%得18分，没有达到，需要倒扣分，每降低1%减1分，低于95%得0分	100%得20分，没有达到，需要倒扣分，每降低1%减1分，低于95%得0分

第2步：详细了解绩效考核的内容。

转化率及客单价往往是客服最重要的两个评价指标，不同的店铺对这两个指标的要求各不相同。客服主管将根据大部分客服的数据来作为考核标准。如某店铺的所有客服平均转化率为40%，客服主管可以将40%的转化率作为客服及格的标准，低于40%转化率的客服在绩效上将被扣分，甚至扣除相应的绩效工资。对于客单价也是同样的道理，客单价的标准取决于店铺商品的平均单价，例如卖手机的店铺客单价肯定比卖书籍的店铺客单价高。

知识拓展——
绩效考核

□ 知识窗

转化率:所有到达店铺并产生购买行为的人数和所有到达店铺的人数的比率。

转化率=产生购买行为的客户人数/所有到达店铺的访客人数×100%。

转化率影响的因素有:宝贝描述、销售目标、宝贝的评价、客服。

客单价:每一个顾客平均购买商品的金额,也即是平均交易金额。

- 客单价是在一定时期内的平均价格。
- 客单价:零售术语又称 ATV,即每一位顾客平均购买商品金额。
- 客单价=销售总额(除去打折等优惠之后算下来的钱)÷顾客总数,或者是客单价= 销售总额÷成交总笔数(5 个人买 10 笔算 5 笔)。

?? 想一想 你认为客服工作的考核有没有非量化的标准?

做一做 请你对表 1.3 中的绩效考核指标进行重要性排序,并说明原因。

活动小结

小华弄明白了客服的绩效考核指标,了解到客服作为直接跟客户交流的最前线,工作的熟练程度和服务态度是提升成交量的关键,小华已经开始为自己设定客服业绩目标啦!

活动2 了解网络客服的晋升渠道

活动背景

公司除了考核标准,针对客服岗位设置了技术、管理晋升双渠道,向客服人员提供了宽广的职业发展空间。那么,什么是技术、管理晋升双渠道呢?

活动实施

第1步:了解客服部的岗位晋升制度。

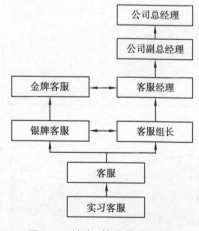

图1.4 技术、管理晋升双渠道

生活超市针对客服岗位制订的岗位晋升制度是要在公司内部营造公平、公正、公开的晋升环境,为员工提供较明确的职业发展思路及宽广的职业发展空间。岗位晋升制度能提升员工的个人素质和能力,留住优秀人才并激励其上进,最终打造出积极向上、能力超群的客服团队。

客服人员晋升渠道如图 1.4 所示。

第2步:了解客服人员晋升条件。

(1)技术渠道:实习客服→客服→银牌客服→金牌客服。

①实习客服必须经过 3 个月的实习,经过每月考核及格后方能转正成为客服。

②客服在本岗位中连续工作满 1 年,并通过每月考核后可以晋升为银牌客服。

③银牌客服在本岗位中连续工作满两年,并通过每月考核后可以晋升为金牌客服。

④银牌客服的薪资级别与客服组长相同,金牌客服的薪资级别与客服经理相同。

⑤如需从技术岗位转入管理岗位,银牌客服可以直接申请客服组长岗位,金牌客服可以直接申请客服经理岗位。

(2)管理渠道:实习客服→客服→客服组长→客服经理→公司副总经理→公司总经理。

①实习客服必须经过3个月的实习,经过每月考核及格后方能转正成为客服。

②客服在本岗位中连续工作满1年,并通过每月考核后可以申请为客服组长,客服组长岗位空缺时,由客服经理对符合资格的客服人员进行公开评选,竞争上岗。

③客服组长在本岗位中连续工作满两年,客服在本岗位中连续工作满3年,并通过每月考核后可以申请为客服经理。当客服经理岗位空缺时,由公司主管客服部门的副总经理对符合资格的员工进行公开评选,竞争上岗。

④客服经理在本岗位中连续工作满两年,并通过每月考核后具备竞选公司副总经理资格。

⑤公司副总经理在本岗位中连续工作满两年,并通过每月考核后具备竞选公司总经理资格。

第3步:了解晋升考核内容。

①实习客服实习满3个月后必须通过"公司产品""OA系统及文字录入""管理规章制度"3科考核,并通过每月考核(月考核内容由人力资源部根据岗位要求制定)方能转正。

②银牌客服业绩考核需月均排名前十,金牌客服业绩考核需月均排名前五,才能申请晋升。

第4步:了解级别薪资标准。

①实习客服:1 800元。

②客服:2 300元。

③银牌客服、客服组长:3 200元。

④金牌客服、客服经理:4 000元。

以上薪资仅适用于制度颁布当年,后期将根据社会及行业经济发展趋势作适当调整,提供行业内具有竞争优势的薪酬体系。

做一做　请你调查一下自己所在城市的见习客服、客服、银牌(组长)、金牌(经理)客服的薪资水平。利用表格对北上广的客服薪资水平进行数据对比,说明差距和原因。

活动小结

小华看到公司客服人员有很好的晋升通道,顿时浮想联翩,她梦想着自己有一天会一步一步地成为公司老总。但是,当她看到"绩效考核标准"时,顿时倍感压力。不过没关系,年轻就是本钱,有压力才有动力,加油吧,向着公司总经理的目标前进。

合作实训

每组4位同学,分别扮演客服部的主管一名,网络客服两名,实习客服一名,分角色扮演处理网络客服业务,完成客服岗位考核和晋级的标准制定。

任务 3 ▷▷▷▷▷▷▷▷
认识网络客服工作平台

情境设计

小华初来乍到,对公司的内部结构已经有了一定的了解。接下来她将认识网络客服的工作平台,进一步熟悉自己以后工作的网络环境。

任务分解

本次任务是认识网络客服工作平台,要完成该任务必须先了解各个工作平台所使用的工具,然后根据客服工作内容,明确各个工作平台是怎样工作的。

网络客服主要是通过阿里旺旺、QQ、E-mail 等聊天通信工具,在线上和买家实时交流及传送资料。那么,我们就通过这些常用的通信聊天工具来了解各个工作平台吧。

活动 1 了解淘宝工作平台——千牛工作台

活动背景

李组长安排小华下载安装"千牛工作台",并初步熟悉其功能。

活动实施

淘宝网客服
工作平台

千牛 PC 版的常用功能包括宝贝管理、店铺管理、货源中心、营销中心、其他 5 个部分。其中,宝贝管理可以显示已被购买的宝贝,并能直接发布宝贝;店铺管理包括我的店铺、店铺装修、图片空间、子账号管理几个功能;货源中心则可以直达阿里供销平台和 1688 采购批发平台进行采购;营销中心集成了量子统计、数据中心和会员关系管理系统;其他则主要有支付宝、阿里学院、淘宝贷款 3 个入口。

1. 下载并安装千牛工作台

第 1 步:下载并安装千牛的各种官方版本,如图 1.5、图 1.6 所示。

第 2 步:与安装一般的软件基本相同,安装成功后,登录淘宝卖家账户即可,如图 1.7 所示。

2. 千牛工作台的功能

第 1 步:千牛这款软件除了内嵌有阿里旺旺之外,还附带有实用的客服工作台,如图 1.8 所示,可以看到店铺的实时情况、各项指标和数据。

图 1.5　下载千牛官方版本

图 1.6　安装千牛卖家工作台

图 1.7　千牛工作台登录界面

图1.8　千牛卖家工作台的功能

第2步：在工作台可以看到店铺的基本信息和店铺基本数据，如图1.9所示。

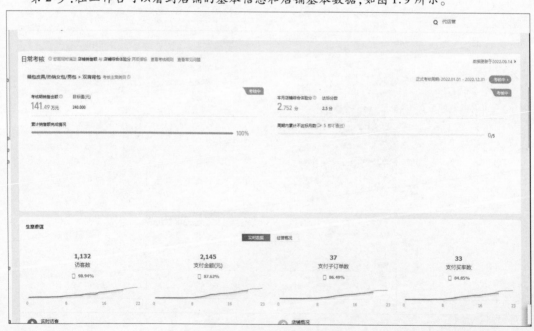

图1.9　千牛卖家工作台

第3步:进入"我的首页",可以发现很多功能都被集聚在这里了,可对店铺宝贝进行管理,大大减少了工作量,提高了工作效率,如图1.10所示。

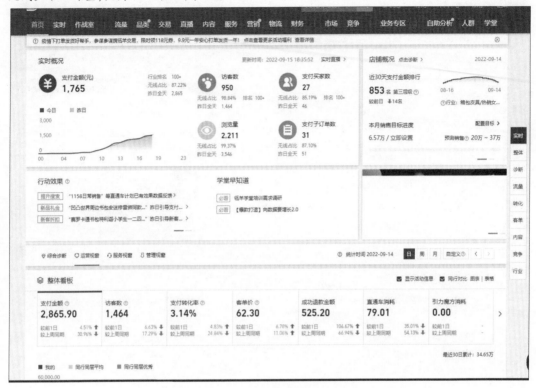

图1.10 "店铺宝贝管理"界面

第4步:在"我的工作台"中可以查看订单管理,如图1.11所示。

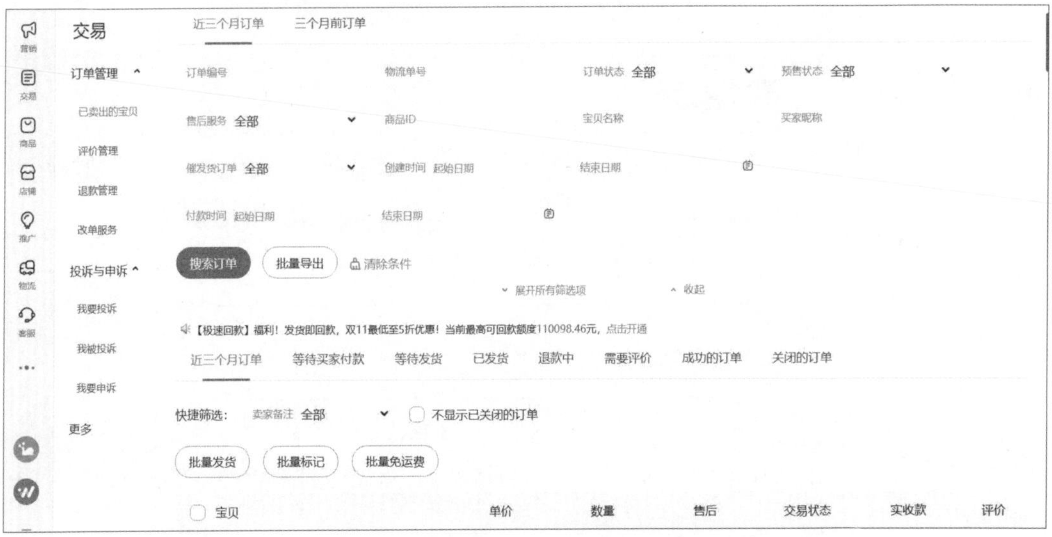

图1.11 订单管理

第5步:千牛工作台可以满足跟许多客户同时聊天的功能,还能在右侧显示该客户的订单情况以及客户情况,如图1.12所示。

第6步：客服可以通过后台查看客户评价，作出解释，如图1.13所示。

图1.12　与客户聊天时的信息页面

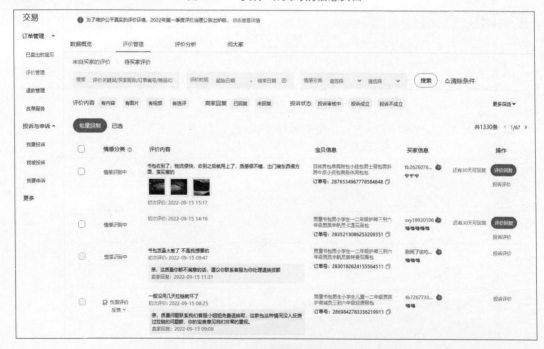

图1.13　客户评价页面

??想一想　"千牛工作台"除了它最主要的沟通功能，你还能列举出哪些"千牛工作台"的功能呢？

活动小结

小华基本熟悉了千牛工作台的下载、登录、查询、聊天等功能的使用方法。实际上，在正式的工作中有许多使用技巧，想要成为一名真正的网络客服人员还需要加以训练，达到熟练使用。

活动2 了解京东网络客服平台——咚咚

活动背景

小华的学习能力很强，已经能够运用千牛工作台进行客户服务了。但是，除了淘宝，公司还在京东商城上开设网店，京东商城使用咚咚这种即时通信工具进行网络客户服务。咚咚与千牛工作台功能相差不多，也是平时客服工作中需要经常使用的软件。

活动实施

1. 下载并安装咚咚

第1步：下载咚咚官方商家版。如图1.14所示，点击京东商家入口，下载咚咚。

图1.14 下载咚咚

第2步：根据提示，安装京东咚咚商家版，如图1.15所示。

图1.15 安装咚咚

第3步：输入用户名、密码，登录咚咚工作台，如图1.16所示。

图1.16 登录咚咚

2.咚咚工作台的功能

第1步:进入后台,如图1.17所示。

我的插件							...
商家后台	商智_商家...	官方订单	京客通_店...	客服魔方...	商家论坛	+ 更多插件	

店铺提醒							默认插件设置 ...
订单		**促销**		**违规|奖励**		**售后**	
近三月待发货订单	160	待审核促销	0	一般违规扣分	0	待处理赔付单	0
协商再投订单	0	即将到期促销	66	严重违规扣分	0	待退款审核	0
待回复催单	0			违规待处理	0	待处理投诉单	0
延迟发货预警	84			质控管理任务	2	待处理举报单	0
延迟发货超时	4						
商品|活动		**仲裁**					
系统下架商品	2	待回复纠纷单	0				
京东运营任务	0	待举证纠纷单	0				
资质审核任务	0	待执行纠纷单	0				
商品库存预警	6						

图1.17 咚咚后台

第2步:进入商家后台,可以实现商品管理、订单管理、营销中心、仓储管理等功能,如图1.18所示。

第3步:查看咚咚的聊天界面,如图1.19所示。

3.使用咚咚操作台

第1步:点击"京东咚咚商家版"中的"操作台"图标,进入咚咚操作台,如图1.20所示。

图 1.18　咚咚商家后台

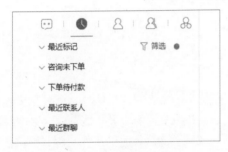

图 1.19　咚咚聊天界面

图 1.20　咚咚商家版

第 2 步：使用咚咚操作台进行客户服务，如图 1.21 所示。

图 1.21　使用咚咚进行客服

??想一想　你能说说作为一名客服人员，应如何设置自己的企业客服个人资料吗？

做一做 请你为你的客服咚咚账号设置一个符合企业形象的个人资料吧!

昵称: 姓名:

年龄: 所在地:

主页: 邮箱:

地址:

个性签名:

头像:

活动小结

虽然咚咚和千牛工作台一样,都是客服工具,但是咚咚的操作方法和千牛工作台还是有些不同。小华认为应该尽快熟悉咚咚的使用方法,才能更好地为客户服务。

合作实训

每组两名同学模拟顾客和网络客服的对话,为熟悉网络客服工作平台打基础,并制作出一份网络客服常见问题解答集合。

项目总结

小华的目标是做一名优秀的网络客服,认为做一名客服应该认真、有耐心接待客户并回答客户的问题,提升销售业绩。公司的入职培训,开拓了她的眼界,她发现网络客服还有许多需要学习的内容,包括公司网络客服部门的组织架构,网络客服的工作流程,岗位职责、技能、素质要求,客服的绩效考核和晋升机制,以及网络客服使用的平台工具等。小华通过不断努力,顺利完成了第一阶段的考核,并向她成为优秀客服的目标迈出了关键的第一步。

项目检测

1.单项选择题

(1)( )是指通过互联网,利用各种网络通信工具,特别是即时通信工具,为客户提供咨询、发货、跟踪订单、售后处理等销售服务的人员。

    A.网店客服   B.销售客服   C.语音客服   D.网络客服

(2)天猫、淘宝网络客服中最常用的工作平台是( )。

    A.电子邮件   B.咚咚   C.千牛   D.QQ

(3)下列属于客服岗位职责的是( )。

    A.负责进行有效的客户管理和沟通   B.能够熟练应用 Office 办公软件

    C.具有良好的沟通能力、应变能力   D.熟悉各类网络聊天工具

(4)不属于客服技术晋升路线的岗位是( )。

    A.实习客服   B.银牌客服   C.客服组长   D.金牌客服

(5)京东网络客服常用的工具是( )。

    A.电子邮件   B.咚咚   C.千牛   D.QQ

2.多项选择题

(1)网络客服岗位的素质要求包括( )。

    A.工作认真、细心、责任心强

B. 有良好的沟通能力、应变能力和记忆力

C. 培养积极的心态，良好的心理素质，能抗高压

D. 有团队协作能力

(2) 网络客服工作平台包括(　　)。

A. QQ　　　　　　　B. 千牛　　　　　　C. 电子邮件　　　　D. 阿里旺旺

(3) 影响转化率的因素有(　　)。

A. 宝贝描述　　　　B. 销售目标　　　　C. 宝贝的评价　　　D. 客服水平

(4) 客服的岗位需求包括(　　)。

A. 打字速度　　　　B. 回复(响应)速度　C. 审美能力　　　　D. 灵活应变能力

(5) 客服绩效考核指标有(　　)。

A. 客户满意度　　　B. 客单价　　　　　C. 回复率　　　　　D. 转化率

3. 判断题

(1) 网络客服不需要有良好的沟通能力。　　　　　　　　　　　　　　　(　　)

(2) 网络客服的工作只需要回答顾客的问题就可以了。　　　　　　　　　(　　)

(3) 拓宽眼界、培养兴趣有助于客服拉近与顾客在网络上的距离。　　　　(　　)

(4) 网络客服一般的晋升渠道有见习客服、客服、金牌客服、客服经理。　(　　)

(5) 转化率及客单价往往是客服最重要的两个评价指标。　　　　　　　　(　　)

4. 简述题

(1) 网络客服有哪些岗位要求？

(2) 网络客服的职责有哪些？

(3) 请写出客服的绩效考核标准，最重要的考核指标是什么？

5. 实训题

(1) 小华、小张、小李三人在售前客服工作，小华周销售额：36 000 元，接待 620 人，成交 360 人；小张周销售额为 38 000 元，接待 720 人，成交 450 人；小李周销售额：42 000 元，到店 510 人，成交 285 人。

考核指标	考核公式	考核标准			
		实习客服	客　服	银牌客服	金牌客服
转化率	产生购买行为的客户人数÷所有到达店铺的访客人数×100%	55%～58%得4分	59%～61%得6分	61%～62%得8分	63%以上得10分
客单价	销售总额÷顾客总数	100～110得130分	110～120得140分	120～130得150分	130以上得160分

请计算出 3 人的本周转化率和客单价，并分析 3 人的绩效考核得分。

(2)优秀的客服成长需要时间、经验及良好的心态,根据成长的阶段性,可以分成培训阶段目标、实习期间目标、1 年度目标,请按照这个时间表设定自己的客服成长目标。

时　间	培训期目标	实习期目标(3 个月)	1 年目标
客服成长目标 (含技能素质)	入职培训期	轮岗售前、售中、售后	

评分

题　号	一(每小题 4 分,共 20 分)	二(每小题 4 分,共 20 分)	三(每小题 2 分,共 10 分)	四(每小题 10 分,共 30 分)	五(每小题 10 分,共 20 分)
得分					
我的总分					
我的称号			总分 0~60 分		菜鸟客服
			总分 61~80 分		银牌客服
			总分 81~100 分		金牌客服

项目 2
准备在线接待

【项目综述】

客服小华在岗前培训中掌握了网络客户服务的相关知识和技能,包括客服的基本素质、各种网络工具的使用、网络安全知识等。

现在她已从培训生转为实习客服,可以接待客户了。在担任一线客服期间,小华在组长的指导下,掌握了如何设置和使用千牛工作台,以及网络平台客户服务规则,深刻认识到熟悉网络平台规则对日常客服接待工作的重要性。熟悉了公司的商品大类和商品特性,小华的工作获得了顾客和同事的认可。通过工作中的实际案例让她也深深地感受到具备一定的网络交易安全知识不仅可以防止公司资产流失,也是一种重要的职业技能。

目前,小华已能熟练操作各种网络工具有效应对客户,并成为生活超市的一名优秀的售前客服人员。

【项目目标】

通过本项目的学习,应达到的具体目标如下:

知识目标

◇熟悉千牛工作台的设置与使用。

◇熟悉网络平台客户服务规则。

◇了解商品分类及特性。

◇掌握网络安全知识慎防网络骗局。

能力目标

◇能熟练操作千牛工作台的各种应用。

◇能快速查找平台规则。

◇能熟练分析商品的类别及特性。

◇能辨别网络骗术确保交易安全。

素质目标

◇在做中学,使学生学会思考。

◇培养学生热爱专业的感情,树立学好专业的信心。

◇培养学生主动探究、求精求细的工作态度。

◇培养学生养成公平竞争、诚实守信等良好道德情操。

◇培养学生运用法治思维和法治方式化解矛盾纠纷的意识和能力。

【项目思维导图】

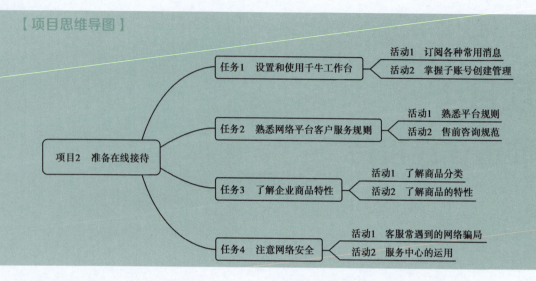

任务 1 》》》》》》》
设置和使用千牛工作台

情境设计

小华在担任一线客服期间，工作认真负责，获得了顾客和同事的高度认可。随着生活超市旗下的网店数量剧增，生活超市专门设置了淘宝 C 店客服组，金牌客服杨慧担任组长。小华轮岗到杨组长的淘宝 C 店客服组，杨组长安排她负责千牛工作台的各项操作。小华需要尽快熟悉这些操作，包括实时查看数据、客服管理等工作。虚心好学的小华在杨慧组长的指导下，学会了如何设置与使用千牛工作台，能熟练操作千牛工作台完成相关客服工作。

任务分解

千牛分为电脑版和手机版。千牛是阿里巴巴面向卖家的多端多角色一站式协同工作平台，集店铺管理工具、经营咨询消息、员工日常管理、商业合作关系等多种功能于一体。在项目 1 中我们已经对千牛工作台有了初步的了解，本次主要任务是设置和使用千牛工作台。

本任务分解为两个活动：订阅各种常用消息；掌握子账号创建管理。

活动 1　订阅各种常用消息

活动背景

为了实时掌握店铺的经营销售情况，做好销售服务工作，杨组长要求小华通过千牛工作台订阅商品、任务、交易、退款和插件等消息。其中，交易消息需订阅买家已付款、新客未付款等通知，以便做好售后跟踪和提高订单转化率。

活动实施

千牛的消息中心包括各种各样的消息资讯，分为系统消息和服务号消息两大类。系统消息主要是店铺经营的各种消息如生意参谋、旺旺系统消息、直通车消息等;服务号消息主要是淘宝官方消息、淘宝大学、电商在线等以提供各种电商服务为主的消息。

单击千牛的"主菜单"→"消息中心"→"消息订阅",即可根据实际进行各种消息订阅,订阅后只要有消息更新,千牛会自动进行实时通知。

例如,要订阅"交易消息"。

第 1 步:单击千牛的"主菜单"→"消息中心"→"消息订阅",打开消息中心的订阅设置,如图2.1 所示。

图 2.1　千牛的消息订阅设置

第 2 步:查找"交易消息",可以在搜索框直接输入"交易消息"进行查找,也可以拉动右侧的滑行条进行查找,如图 2.2 所示。

图 2.2　千牛的系统消息订阅

第3步:单击"交易消息",打开交易消息设置选项,根据需要进行勾选后单击"确定"按钮,如图2.3所示。

图2.3 千牛的交易消息订阅设置

做一做 根据情境设计,要订阅商品、任务、交易、退款和插件等消息,小华应该怎么做?

活动小结

小华掌握了千牛工作台的消息订阅功能,通过千牛工作台成功订阅了店铺商品、任务、交易、退款和插件等消息。

活动2 掌握子账号创建管理

活动背景

为了便于实时查看店铺销售业绩数据,杨组长要求小华将店铺成交额、访客和订单数据设置在千牛桌面上,并将店铺当天的订单处理情况进行整理汇报。同时,杨组长安排新进实习客服小果做售后客服,小华需为小果设置客服子账号,并授权使用千牛插件。

活动实施

根据工作安排,小华需为小果设置客服子账号,并授权使用千牛插件。如何创建子账号? 可以通过登录主账号或(超级管理员)子账号进入"卖家中心"→"子账号管理",进入子账号管理首页。也可以直接登录千牛卖家工作台,在工作台主页的"我的应用"中,添加"员工管理"插件。

第1步:单击千牛的"主菜单"→"我的应用",在打开"我的应用"首页中找出"员工管理"插件进行订购,如图2.4所示。

第2步:单击"员工管理"进入子账号首页,单击"新建员工"→"部门结构",填写员工基本信息后确认新建,如图2.5所示。

图 2.4　千牛员工管理插件订购

图 2.5　员工管理的创建新员工设置

第3步：子账号创建成功后在未认证的情况下，系统默认该账号为禁言状态，即消息发送后对方也无法接收。如需正常使用需要立即完成认证，如图2.6所示。

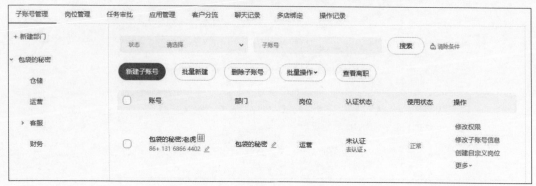

图2.6 新员工认证设置

第4步：单击"选择岗位"进行岗位修改设置，如图2.7所示。

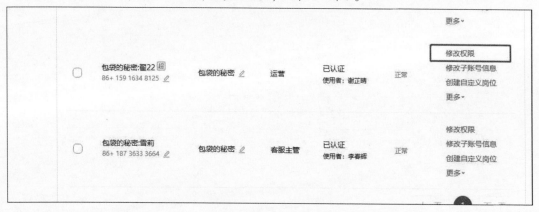

图2.7 子账号修改权限

第5步：进入"修改权限"对话框，勾选相应的售后权限后单击"保存"按钮，即可为子账号开通相应的千牛权限，如图2.8所示。

第6步：单击"安全设置"找到小果的子账号后，单击"开启手机保护"，然后输入小果的手机号码，开启手机保护。若需要修改子账号手机号码，点击"修改"即可进行手机号码更换，如图2.9所示。

图 2.8　子账号权限设置

图 2.9　子账号安全设置

做一做　根据需要,为自己的店铺设置子账号。

活动小结

小华通过添加和使用千牛工具栏的员工管理应用,成功为小果设置客服子账号。通过推广学习,小华掌握了千牛工作台其他应用的添加与使用。

合作实训

6人为一队，分为两个小组，甲小组负责店铺甲：A同学扮演客服组长，B、C同学扮演售前客服；乙小组负责店铺乙：D同学扮演客服组长，E、F同学扮演售前客服。

（1）A同学需为B、C两位同学开通客服子账号，并设置分流。

（2）D同学需为E、F两位同学开通客服子账号，并设置分流。

（3）乙小组的3位同学以顾客的身份同时用旺旺联系甲小组的客服，验证分流是否设置成功。

（4）甲小组的3位同学以顾客的身份同时用旺旺联系乙小组的客服，验证分流是否设置成功。

任务2 ⟫⟫⟫⟫⟫⟫
熟悉网络平台客户服务规则

情境设计

作为一位优秀的客服，不但要掌握网络沟通工具千牛工作台的相关操作，还要熟悉网络平台客服规则。小华在杨组长的耐心指导下，学习了天猫、淘宝平台的各项规则，规范接待用语，进一步提升客户服务质量，提高订单转化率。

任务分解

为更好地做好客户服务工作，小华需要提前熟悉平台相关规则，特别是与客户服务相关的规则内容，并掌握相关售前咨询规范，以提高客户服务水平。

本次任务可以分解为两个活动：熟悉平台规则，掌握售前咨询规范。

活动1 熟悉平台规则

活动背景

平台规则那么多，网络客服在工作过程中，必须清楚如何查找规则，哪些规则一定不能违反。小华通过登录天猫规则网站，查阅了解平台规则。

活动实施

第1步：熟悉天猫规则。

如何查看天猫规则？可以直接登录天猫规则网站，也可以通过天猫网站的首页菜单栏的"商家支持"→"天猫规则"进入，如图2.10所示。

如何查看具体的规则内容？可以通过天猫规则首页的搜索栏输入规则或问题关键字进行搜索；也可以通过"规则地图"左侧的分类栏进入并查看相关规则，如图2.11所示。

图 2.10　天猫规则首页

图 2.11　天猫规则地图

??想一想 如何查找淘宝规则?

第2步:清楚违规对店铺的影响。

天猫平台的违规行为分为严重违规和一般违规行为,两者导致的扣分分别累计、独立执行。违规行为不但会产生售后问题,还会导致店铺扣分、降权,甚至罚款。具体违规行为及处罚可以通过登录"天猫规则"→"违规管理"→"违规处罚规则"和"违规处罚实施细则"进行查阅。同时,也可通过天猫规则首页的"一张图看懂处罚"进行了解,如图2.12所示。

图2.12 一张图看懂处罚(来源:网站天猫规则的"一张图看懂处罚"网页部分截图)

✎做一做　为了更清楚地知道天猫平台的违规处罚规则,小华通过制作表格进行相关知识的梳理,请帮助小华完成表2.1。

表2.1　天猫平台规则表

违规行为	违规类型	扣分/处罚
一般违规行为	描述不符	首次6分,再次及以上12分/次
	虚假交易	
严重违规行为	泄露他人信息	6分/次;情节严重的48分/次

活动小结

通过学习,我们认识到网络客服学习平台规则的重要性,并掌握了网络平台规则的学习方法。

活动2　售前咨询规范

活动背景

通过对平台规则的学习,小华认识到遵守平台规则对客服的重要性,根据日常接待情况,整理出天猫客服要注意的规则,并根据规则要求规范接待用语。如发票问题、泄露他人信息、交易问题、支付方式问题、快递问题等。

活动实施

第1步:不能泄露客户信息。

案例分析:顾客A用账号B拍下商品,然后用账号A与客服核对地址,客服将账号B的地址等信息复制粘贴到账号A,结果收到B的投诉。

泄露他人信息,属于严重违规,扣2分/次,情节严重扣6分/次(详细内容查看《天猫市场管理规范》第二十二条泄露他人信息)。

因此,与客户核对信息时,必须注意客户的旺旺ID是否与下单所用的旺旺ID一致。同时,不能将客户信息或含旺旺ID的聊天信息外泄。

第2步:正确解答发票问题。

案例分析:顾客A在店铺拍下250元的连衣裙,付款后在线咨询客服有关发票问题。

顾客A:有发票吗?

客服B:有发票(若回答没有,扣6分/次)。

顾客A:买250元可以开400元的发票吗?

客服B:亲,本店是根据您的实际交易金额开具发票的。

顾客A:买衣服可以开文具的发票吗?

客服 B：亲，本店是根据您实际购买的产品开具发票的，请谅解。

商家拒绝提供或者拒绝按照承诺的方式提供发票的（特定商品除外），每次扣一般违规行为 6 分（详细内容请查看《天猫市场管理规范》第三十五条违背承诺）。

因此，关于发票问题，客服应注意 3 点：①不能说没有发票；②确认发票相关内容的准确性；③不能要求客户额外加钱。

第 3 步：正确处理支付方式的问题。

案例分析：顾客 A 在店铺拍下 1 250 元的商品后，付款时发现支付宝账户资金不足，于是咨询客服。

顾客 A：支付宝钱不够，可以货到付款吗？

客服 B：亲，请您查看宝贝付款方式是否支持。只要是宝贝页面有的支付方式，本店都是支持的（附页面支付方式截图）。

顾客 A：信用卡支付可以吗？

客服 B：亲，可以的，页面显示的支付方式我们都是支持的。

加入货到付款或信用卡付款服务的商家，拒绝提供或者拒绝按照承诺的方式提供前述服务的，每次扣一般违规行为 6 分（详细内容请查看《天猫市场管理规范》第三十五条违背承诺）。

因此，客服在回答时要注意 3 点：①是否支持货到付款应根据店铺实际情况回答；②不能拒绝信用卡支付或信用卡分期付款；③信用卡付款的手续费是由商家提供的，不能收取买家任何形式的手续费。

活动小结

通过学习，可以了解到在客服接待过程中有很多问题都会涉及相关平台规则。因此，在开展接待工作前，必须要熟悉与客户服务相关的平台规则。对于常见的与规则相关的问题，可以结合实际情况设定好答案，以提高客服服务质量。

作为一名优秀的售前客服应具备素质

合作实训

为了提高接待效率，避免在接待过程中出现违规情况。小华结合实际工作中常见的客户问题，查阅平台规则，根据规则结合店铺实际情况制定售前咨询规范表。请以小组（5～6 人）为单位，共同协助小华完成表 2.2。

表 2.2 售前咨询规范表

序号	问题类型	具体问题	参考答案	平台规则
1	发票问题	问题1：有发票吗？	有发票。	《天猫市场管理规范》第三十五条违背承诺
		问题2：买衣服可以开文具（或其他商品）的发票吗？	亲，本店是根据您实际购买的产品开具发票的，请谅解。	
2	交易问题	在上班不方便用旺旺，可以加微信详聊吗？	亲，公司规定只能用旺旺，请见谅。	
3				
4				
5				
6				

任务 3 》》》》》》
了解企业商品特性

情境设计

经过几天的学习，小华已经基本掌握了网络客服的岗位要求、网络客服的工作平台和工作环境。小华也逐渐对自己的工作内容明朗了起来，但是小华却遇到了新的困难。有一次，小华的同事不在，让她帮忙接待一下客户。这时候有一位顾客咨询："请问我身高 170 cm，体重 60 kg，应该穿什么码数呢？你帮我推荐一下吧！"这时候小华答不上来，顾客说无法购买导致订单流失。后来组长批评了小华，认为她没有好好了解公司的产品。小华便下决心要好好学习企业商品特性，以便提供优质的网络客户服务。

任务分解

本次的任务是认识企业商品特性，要完成该任务必须先了解商品的分类，然后根据企业具体的商品类型，深入了解购买者的需求。

本任务可以分解为两个活动：了解商品分类；了解商品的特性。

活动1 了解商品分类

活动背景

公司是一家网络超市，就跟线下的超市一样，商品包罗万象，应有尽有。李组长给了小华一张生活超市的商品清单，让小华根据大型网络平台的商品分类法，把这些商品进行分类，从商品分类开始了解商品。

活动实施

第1步：了解网络销售常见的商品分类。

商品种类繁多，据不完全统计，在市场上流通的商品有 25 万种以上。为了方便消费者购买，有利于商业部门组织商品流通，提高企业经营管理水平，须对众多的商品进行科学分类。商品是概括在一定范围内的集合总体，任何集合总体都可按照一定的标志和特征归纳成若干范围较小的单元，直至划分为最小的单元。商品的分类，是指按照一定目的，为满足某种需要选择适当的分类标志和特征，将商品集合总体科学地、系统地逐次划分为不同的大类、中类、小类、品类或品目、品种、规格、品级等细目的过程。下面我们以电子商务为基础，对网络销售的商品进行分类，见表2.3。

表2.3　商品分类表

一级分类	二级分类	一级分类	二级分类
服装、鞋帽	女装	图书、电子书刊、音像	外文
	男装		文艺
	运动		少儿
	内衣		人文社科
	童装		经管励志
	男鞋		生活
			科技
	女鞋		教育
			工具书
手机数码	手机通信	个护化妆	面部护理
	运营商		身体护理
	手机配件		口腔护理
	摄影摄像		女性护理
	数码配件		男性护理
	时尚影音		魅力彩妆
			香水SPA
礼品箱包、钟表、珠宝	潮流女包	母婴、玩具乐器	奶粉
	时尚男包		营养辅食
	礼品		尿裤湿巾
	奢侈品		喂养用品
	钟表		洗护用品
	珠宝首饰		童车童床
	婚庆用品		玩具乐器
食品饮料	进口食品	保健食品	营养健康食品
	地方特产		亚健康食品
	休闲食品		健康礼品
	粮油调味		生鲜食品
	酒饮冲调		

第2步：了解店铺商品分类。

生活超市的部分商品见表2.4。

表2.4 生活超市部分商品表

商品名称	商品二级分类	商品一级分类
巧克力豆奶		
玉米浓浆谷物饮料		
香辣味黑米锅巴		
麻辣花生		
麻辣味牛肉		
泡椒味牛肉		
野山椒鱼		
超吸棉柔护垫 K25		
薄棉柔日用卫生巾		
健白防蛀牙膏		
芦荟护肤香皂		
文具五件套		
白金限量款变色唇膏		
BB 霜		
护手霜		

✎做一做 帮助小华,完成表2.4 中的商品分类,找出它们的二级分类及一级分类,填在表2.4 中。

活动小结

经过对商品分类的学习后,小华对电商市场上的产品有了大致的认识,细心的小华发现自己公司经营的产品包含三种一级分类的产品。

活动2 了解商品的特性

活动背景

小华不明白什么是商品特性?她上网搜索了一下:商品是可以满足人们需求的载体,它可以分为有形商品与无形商品。有形的商品特性:指本商品应具有同类商品最基本的功能外,所具有的其他特性。如性能、外观、材质、配件和资质等方面的特点。而无形商品的特性,更多地体现在给人的感知和氛围上。如服务性质的商品:一场电影更多地在于电影给人带来的感知上的享受,电影商品的特性体现在它给人的喜怒哀乐。这时小华认识到不同的商品具有不同的特性,接下来她便重点学习某几种商品的特性。

活动实施

1. 服装类商品特性

第1步:认识商品款号。每件商品均挂有一吊牌,上面印有该件商品的款号,通过款号的识别,则可反映出具体商品,如图2.13所示。

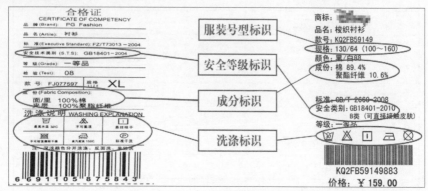

图2.13　识别商品款号

第2步:了解商品质地。在客服工作中经常遇到顾客对服装质地的咨询问题,这需要较专业的服装商品知识,如图2.14所示为几种常见的服装质地。

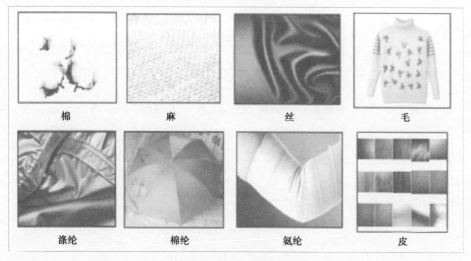

图2.14　常见的服装质地

第3步:了解服装商品的号型。服装商品的号型如图2.15所示,尺码号见表2.5。

图2.15　服装商品尺码号

表2.5　各国尺码表标准

标准	国际	欧洲	美国	法国 （FRA）	意大利 （TT）	韩国 （尺码 /胸围）	中国	胸围 /cm	腰围 /cm	肩宽 /cm	适合身高 /cm
尺码 明细	XXXS	30-32	0	34	38	22/75	145/73A	74-76	58-60	34	147-150
	XXS	32-34	0	36	40	33/80	150/76A	76-78	60-62	35	150-153
	XS	34	2	38	42	44/85	155/80A	78-81	62-66	36	153-157
	S	34-36	4-6	40	44	55/90	160/84A	82-85	67-70	38	158-162
	M	38-40	8-10	42	46	66/95	165/88A	86-89	71-74	40	163-167
	L	42	12-14	44	48	77/100	170/92A	90-93	75-79	42	168-172
	XL	44	16-18	46	50	88/105	175/96A	94-97	80-84	44	173-177
	XXL	46	20-22			99/110	180/100A	98-102	85-89	46	178-180

2.食品类商品特性

第1步:按照食品的来源分类。食品按来源可分为动物性食品、植物性食品和矿物性食品。

✎做一做　第2步:根据食品是否经过加工分类。食品按是否经过加工可分为原料食品和加工食品。

原料食品指由各生产部门(农、林、牧、渔业等)所提供的未经再加工的产品。主要包括鲜活食品、生鲜食品、粮谷类食品。

加工食品是以原料食品为基础,再经过进一步加工处理所得到的各种产品。

图2.16　某品牌牛肉干

✎做一做　在如图2.17所示的食品中,哪一种属于原料食品,哪一种属于加工食品?

图2.17　玉米与蔓越莓干

第3步:根据食品在饮食中的比重分类根据在饮食中的比重食品分为主食和副食。

我国的食物结构以提供热能为主的植物性食品为主食。如米、面等。主食以外的食品一般通称为副食。在我国,习惯把肉、鱼、蛋、奶、蔬菜、水果、糖、茶、调味品等作为副食。

✎做一做　如图2.18所示的食品中,哪一种是主食,哪一种是副食?

图 2.18　大米与牛奶

第 4 步:根据食品的食用功能分类。

● 普通食品,这类食品用量大且面广,属一般性食品。

● 强化食品,是指对食品中的一种或几种营养成分,人为地进行强化的食品。如强化维生素的饼干,强化铁的蛋制品等。

● 保健食品,是指能促进和改善人体健康的食品。食品中含有特定营养成分,有突出的营养功能,对人体有保健作用。

● 绿色食品,是指无污染、安全、营养类食品。具体地说是指其原料产地具有良好的生态环境,与原料生产有关的水质、土质、肥料、饲料等,必须符合一定的无公害控制标准,产品的生产、加工、包装等达到有关食品卫生质量标准的食品。

● 功能食品,是指具有某种特殊作用的食品,供特殊食用。如高热量食品、低钠食品等。

做一做　根据食品的食用功能分类,如图 2.19 所示的两款商品分别属于什么食品?

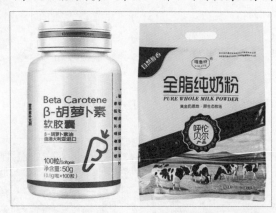

图 2.19　β-胡萝卜素软胶囊和全脂纯奶粉

活动小结

小华了解了公司里三类商品的特性,也对商品的特性有了非常深入的了解。小华感慨,原来我们平时生活中的商品有这么多种类,并且承担着许多不同的功能和特性。

合作实训

每 6 名同学组成某电子商务企业的商品企划部,请为自己公司的产品制作一份详细的产品分类 PPT,以图文形式展示,并选出一名口才好的同学作汇报。

任务 4 》》》》》》
注意网络安全

情境设计

　　随着网购的兴起,网络交易安全问题成为众多买家与卖家的重点关注问题之一。网络骗局层出不穷,让买家和卖家防不胜防。生活超市旗下的网店在日常销售过程中也遇到了不少的网络安全问题。网络交易安全问题也成为生活超市亟须解决的问题。除了从硬件上提高支付系统安全以外,生活超市还特意要求各网店的负责人对一线客服进行定期的网络安全知识教育。杨组长要求小华负责对其组的客服进行相关的网络安全教育。经与杨组长商讨,小华决定对其组的客服进行一次诚信防骗讲座,将日常客服工作过程中常见的网络骗局案例与大家一起分享学习。同时,作为客服经常会遇到一些极品客户,对于此类客户客服应该如何应付? 当店铺利益受到侵害时,客服应该如何正确处理?

任务分解

　　网络交易安全知识是每位客服在日常工作中必须掌握的基本常识。客服应该掌握相应的网络交易安全知识,以维护店铺交易安全为己任。本次的任务是如何识别应对网络骗局,以及店铺利益受到侵害时的正确处理方法。

　　本次任务可以分解为两个活动:客服常遇到的网络骗局;服务中心的运用。

活动 1　客服常遇到的网络骗局

活动背景

　　小华在工作过程中也曾遇到不少的网络骗局,为了提高客服的网络交易安全意识,维护网络安全,小华决定给其组的客服进行一次诚信防骗讲座,将常见的网络骗局案例与大家一起分享学习。

活动实施

　　第 1 步:预防"买家来电修改发货地址"骗局。

　　案例分析:买家 A 拍下卖家 B 的一件商品,没过多久卖家 B 接到买家 A 的电话,要求卖家 B 修改发货地址,随后卖家 B 按买家 A 短信上的地址进行发货,结果买家 A 表示没有收到货,申请退款。卖家 B 后来发现买家 A 与其联系要求改地址的电话号码与买家 A 淘宝账号上的联系电话不一致,才发现上当受骗。

　　温馨提示:客户通过电话联系修改收货地址时,应先核对该电话号码与客户订单上的电话号码是否一致。如果不一致,可通过旺旺与该客户进行联系确认,或拨打客户订单上的电话进行确认。

　　??想一想　假设你遇到这种情况,你有更好的解决办法吗?

　　第 2 步:防止骗子套取交易信息。

案例分析:骗子C利用B店铺的交易记录,获得买家A在店铺中的购买记录后便联系B店铺的客服,告知客服他是买家A的亲戚或朋友,需要修改买家A的收货地址。B店铺的客服相信后将买家A的联系方式、收货地址等信息发给骗子C,获取信息后骗子C便冒充B店铺的客服通过电话联系买家A,以各种方式诈骗买家A,导致买家A造成损失。

温馨提示:保护买家信息是客服的基本工作职责,客服人员不能随意泄露买家的联系方式,如有需要,必须认真确认买家的真实身份。

第3步:防止点击经由聊天工具传播的钓鱼链接。

案例分析:买家A在B店铺购物,通过旺旺与客服B联系,谎称说:"老板,宝贝拍不了"或"老板,怎么付不了款"然后附上链接,其实这条链接很有可能就是钓鱼链接。骗子旺旺会通过各种方式引诱客服B点击该链接。

温馨提示:不要用阿里旺旺以外的聊天工具与买家联系,淘宝只认旺旺聊天记录为有效证据。对于买家发送的链接要保持警惕,特别是能直接在聊天框点击打开的,需慎防钓鱼网站。

做一做 以小组为单位,共同分享自己知道的或者遇到的网络骗局。

活动2 服务中心的运用

活动背景

一天,小华遇到一名极品买家,该买家在交易成功后给出恶意差评并以此进行敲诈勒索,扬言只要小华转账200元就改评价。第一次遇到该情况,小华立刻向组长汇报了情况,经研究,组长指导小华将该客户设置为黑名单,并提取相关证据向客户服务中心进行举报。

活动实施

据研究显示,网店开发新客户的成本是保持老客户的8倍。因此,做好老客户的维护,挖掘二次销售对于店铺的营业收入非常重要。淘宝后台的会员关系管理,提供客户、会员、营销、通道、权益中心、售后等多种客户关系管理功能。不但便于商家对不同会员级别的会员开展营销活动,同时也可以对一些极品客户进行拉黑处理,保护商家利益,如图2.20所示。

网络支付安全

图2.20 客户关系管理

第1步:进入"卖家中心"→"营销中心"→"客户运营平台"→"客户管理"。

第2步:单击"客户管理"→"客户列表",在"客户昵称"栏中输入该客户的旺旺昵称,搜索出该客户后,单击"添加标签"→"禁止购买",将该客户设置为黑名单,如图2.21所示。

图2.21 设置黑名单

第3步:针对该客户要求支付200元改评价的行为,可以通过卖家中心的"投诉与申诉"的"我要投诉",对该客户的行为进行举报。单击"卖家中心"→"交易"→"投诉与申诉"→"我要投诉",如图2.22所示。

图2.22 恶意行为投诉

第4步:进入恶意投诉中心,点击"我要投诉",根据需要选择场景,如小华可以选择"异常评价"的"要挟评价"如图2.23所示。

第5步:填写投诉订单号、授权小二查看近90天旺旺聊天记录,以便核查案情,如图2.24所示。

图2.23　不合理评价举报

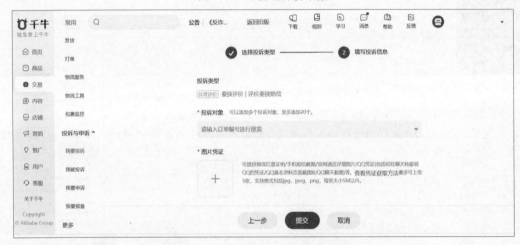

图2.24　不合理评价举报操作流程

??想一想　当遇到买家以缺货、未按约定时间发货为由投诉时,如买家收货地址填写错误(或地址不详),导致卖家无法发货,你有什么好的解决办法吗?

做一做　自主学习更多的网络交易安全知识。

合作实训

淘宝论坛的政策公告栏中,诚信防骗板块含有最新的网络安全知识,同学们可自行登录查看学习。然后,两人为一组,A同学扮演极品客户,B同学扮演网店客服。

(1)A同学上网收集相关客服常遇到的网络骗局。

(2)B同学上网收集整理相关网络交易安全知识。

(3)A同学选取两个案例向B同学提问,B同学以客服的角色寻找合适的处理办法进行解决。

项目总结

通过本项目的学习,能进一步熟悉操作千牛工作台并灵活运用千牛工作台的各个功能协助完成各种客服工作,熟悉网络平台客户服务规则并规范客服接待用语,同时了解到客服常遇到的各种网络骗局,并掌握相应的处理办法,提高网络交易安全。通过学习,我们的客服技能不断提高,客户服务水平也不断提升。此外,我们更应自主学习更多的客服知识,熟悉不同平台的即时通信工具和客户服务规则。信息技术日新月异,作为网络客服的我们需不断学习、不断提高、不断创新。

项目检测

1. 单项选择题

(1)下列商品中,哪类商品是不可以在淘宝网上发布的?(　　)

　A. 连衣裙　　　　　　　B. 皮鞋　　　　　　　C. BB 弹　　　　　　　D. 帽子

(2)发现淘宝店铺订单信息泄露,以下处理方法错误的是?(　　)

　A. 更改所有账号及子账号密码,以防万一　　B. 对客服计算机进行杀毒

　C. 不接收陌生人发送的安装文件　　　　　　D. 使用其他聊天软件与客户进行交流

(3)下列商品中,哪一项放错了类目?(　　)

　A. 连衣裙　女装类目　　　　　　　　　　　B. 男士皮鞋　男鞋类目

　C. 薯片　食品类目　　　　　　　　　　　　D. 奶粉　童装类目

(4)千牛的店铺在成交额模块设置中,默认显示且不能自主添加删除的功能是(　　)。

　A. 昨日成交额　　　B. 昨日 PC 成交额　　C. 今日无线成交额　　D. 昨日无线成交额

(5)以下说法正确的是(　　)。

　A. 对于陌生人发送的链接,客服可以直接点击不需要警惕

　B. 客服没有义务保护客户的信息,可以随意泄露客户的联系信息

　C. 为了便于记忆,可以将千牛的登录密码设为 111111

　D. 为了维护网络安全,公司需定期对客服进行相关培训和计算机杀毒

2. 多项选择题

(1)商品是可以满足人们需求的载体,它可以分为(　　)。

　A. 有形商品　　　　　B. 无形商品　　　　　C. 食品　　　　　　　D. 用品

(2)天猫平台的违规行为分为(　　)。

　A. 严重违规　　　　　B. 一般违规　　　　　C. 罚款　　　　　　　D. 扣分

(3)千牛工作台的下载方式有(　　)。

　A. 通过淘宝网首页的工具入口下载　　　　　B. 利用搜索引擎搜索下载

　C. 使用安全软件或软件商店下载　　　　　　D. 通过百度搜索下载

(4)千牛的插件工具根据展示位置不同,分为(　　)。

　A. 工具栏插件　　　　B. 桌面插件　　　　　C. 窗口插件　　　　　D. 旺旺插件

(5)食品类商品按照食品的来源可分为(　　)。

　A. 动物性食品　　　　B. 植物性食品　　　　C. 矿物性食品　　　　D. 休闲食品

3. 判断题

(1)当同时咨询的顾客太多我们不能及时回复顾客时,可以通过"客服设置"来进行简单的自动回复。　　　　　　　　　　　　　　　　　　　　　　　　　　　　　(　　)

（2）与客户核对信息时，必须注意客户的旺旺 ID 是否与下单所用的旺旺 ID 一致。（　　）

（3）买家通过电话联系要求修改发货地址，客服需进一步确认买家身份真实性才可修改发货地址。（　　）

（4）维护网络安全是一项长期的任务。（　　）

（5）保护买家信息是客服的基本工作职责，客服人员不能随意泄露买家的联系方式，如有需要必须认真确认买家的真实身份。（　　）

4. 简述题

（1）千牛软件一般安装在计算机的哪个盘比较好？

（2）如何应对订单信息泄露？

5. 实训题

公司新来的一批客服主要负责公司淘宝店铺的客户接待工作，小华负责对这批客服实习生进行淘宝平台规则培训。通过培训，让实习生了解客服需要掌握的淘宝规则有哪些？ 因此，小华需要制作一份客服培训 PPT，请为小华制作一份培训 PPT。

题　号	一（每小题 4 分，共 20 分）	二（每小题 4 分，共 20 分）	三（每小题 2 分，共 10 分）	四（每小题 15 分，共 30 分）	五（共 20 分）
得　分					
我的总分					
我的称号				总分 0～60 分	菜鸟客服
				总分 61～80 分	普通见习客服
				总分 81～100 分	高级见习客服

项目 3
提供语音客户服务

【项目综述】

　　生活超市为了提高服务质量，购买了一批新的设备，设置了新的客服小组——语音客服组。小华勇于接受新的挑战，热爱学习新的知识。于是，她申请调到语音客服组工作。刚开始工作时发现很多工作都无从下手，处理起事情来觉得千头万绪。与以前的工作岗位不同，网络客服是以即时通信软件为工具、以打字聊天为形式，而语音客服是以电话或耳麦为工具、用声音来进行沟通交流。同为网络客服，语音客服有着一般客服的特点，但它也有自己独特的工作流程。

　　在语音客服组张组长的帮助下，小华很快就掌握了语音客服的相关技能，懂得了要用标准的普通话（其他语言客服要能运用相关的标准语言），与客户交流时语调、语速要适中，要微笑服务，处理呼入、呼出业务时的要有一定的听打速度与技巧，加强自己的心理素质与沟通技巧，再加上她原有的网络客服的经验，学会了编写不同类型的话术模板，使得她在新部门的工作越来越得心应手。

【项目目标】

　　通过本项目的学习，应达到的具体目标如下：

知识目标

　　◇了解语音客服的工作内容。

　　◇了解语音客服与网络客服的区别。

　　◇掌握呼入业务的工作流程。

　　◇掌握呼出业务的工作流程。

能力目标

　　◇能用标准的普通话应答。

　　◇能在沟通过程中注意自己的语调和语速。

　　◇会微笑服务。

　　◇能灵活处理呼入业务。

　　◇会积极处理呼出业务。

　　◇会编写不同类型的话术模板。

素质目标

◇培养学生严谨、踏实、认真细致的工作态度。

◇培养学生互帮互助、协调沟通、合作解决问题的团队精神和沟通能力。

◇培养学生自主探究的主动学习、钻研的精神。

◇培养学生善于发现问题、分析问题、解决问题的独立思考能力。

【项目思维导图】

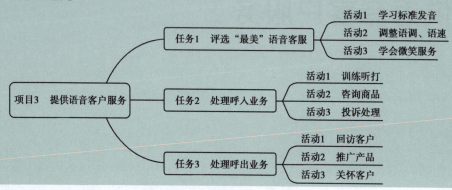

任务 1 ▶▶▶▶▶▶▶
评选"最美"语音客服

情境设计

小华到语音客服组的第一天就听到了一个消息，两周后要准备评选"最美"语音客服。听到这个消息，小华当场就蒙了。她在想："在组里，我不算最漂亮的，那如何能评得上？"但组里又要求每个人都要参加，还要跟年终奖金挂钩。这可难倒了刚进语音客服组的小华。难道这个"最美"有更深一层的含义？事事追求完美的小华带着这个疑问找到了语音客服组的张组长，希望在张组长的指导和帮助下能顺利地完成任务。

任务分解

这次评选"最美"语音客服，是语音客服组张组长直接提供话术内容，每个语音客服进行录音，最后由评委从录音中评选出"最美"。其实这个"最美"并不是样子最好看，而是声音最好听，最能使客户满意。那小华要怎样才能做到声音最好听呢？经过张组长的详细解释，小华根据自己的理解，作了概括：要有标准的发音；要有适中的语调、语速；要微笑服务。

活动 1 学习标准发音

活动背景

张组长跟小华说，作为一名合格的语音客服，首先必须要会标准的普通话，吐字必须要清晰，这不是一天两天就能练成的。尤其对于一些带有口音的普通话，要改变不是一件容易的事情。必须要有严谨、踏实、认真细致的工作态度，在日常工作中要时刻注意发音的标准。

活动实施

第 1 步：了解发音标准的重要性。

（1）收集网络上因发音不标准而引起误会的视频。

（2）进行小组分享和讨论。

??想一想　我们该如何避免这些情况的发生？

第 2 步：进行标准发音的训练。

请读出以下句子：

（1）门口有四辆四轮大马车，你爱拉哪两辆来拉哪两辆（《四辆四轮大马车》）。

（2）补破皮褥子不如不补破皮褥子（《补皮褥子》）。

（3）隔着窗户撕字纸，一次撕下横字纸，一次撕下竖字纸，是字纸撕字纸，不是字纸，不要胡乱撕一地纸（《撕字纸》）。

（4）张康当董事长，詹丹当厂长，张康帮助詹丹，詹丹帮助张康（《张康和詹丹》）。

??想一想　标准的发音用几个句子就能训练出来吗？平时发音还要注意哪些？

✎做一做　作为语音客服，读对客户的姓名是很重要的。当老客户打来电话的时候，在来电弹屏中已经显示了客户的名字，但有的客户的姓氏并不常见，读错姓氏会造成了尴尬的局面，因此客服要掌握百家姓的读音。请上网搜索"百家姓"并且熟记。

▢ 知识窗

客服基本可分为人工客服和电子客服，其中人工客服又可细分为文字客服、视频客服和语音客服三类。文字客服是指主要以打字聊天的形式进行的客户服务；视频客服是指主要以语音视频的形式进行客户服务；语音客服是指主要以移动电话的形式进行的客服服务。

活动小结

作为一名语音客服，发音标准是非常重要的。小华经过了一段时间的语音训练，基本能把自己原来一些不标准的发音纠正过来。到现在，小华才发现之前好多字都读错了，有的是"z""zh"不分，有的是"l""n"不分，还有前鼻音、后鼻音、儿化音等方面要注意。作为语音客服，最好能参加普通话水平测试，并取得相关证书。

活动 2　调整语调、语速

活动背景

经过训练后，小华的发音已经有了很大的改善，但她总觉得自己跟其他同事相比还是有差距。于是，她找到张组长去问个究竟。张组长让小华读了几句话，发现问题原来出在语调和语速上。

活动实施

第 1 步：了解语调适中的重要性。

（1）用过高的语调朗读"您好！工号 10086，很高兴为您服务。请问有什么可以帮您？"

（2）用过低的语调朗读"您好！工号 10086，很高兴为您服务。请问有什么可以帮您？"

（3）用适中的语调朗读"您好！工号10086，很高兴为您服务。请问有什么可以帮您？"

?? 想一想　哪种语调听上去舒服一点？

✏️ 做一做　自己试一试，看哪种语调是最好的？

第2步：了解语速适中的重要性。

用不同的语速朗读"首先感谢您一直以来对我们公司的支持。您是我们的老客户，我们为了回馈老客户，特别推出了一个新的活动，即日起开通新套餐，每月额外获得200MB省内通用流量。我现在向您详细介绍一下我们的活动吧。"看看不同的语速给客户带来哪些不一样的体验。

?? 想一想　哪种语速听上去舒服一点？

✏️ 做一做　和另一位同学组队，互相试一试用快、慢、适中的语速朗读句子，听一听，看过快、过慢、适中的语速分别是多少字/分钟？

活动小结

通过一系列训练，小华终于认识到，作为一名合格的语音客服，除了发音要标准，还要有适中的语调、语速。语调一成不变或过高、过低都会令人容易听力疲倦。语速过快会让人难以听清，语速过慢会让人失去耐心。这就要求时刻要有严谨细致的工作态度。

活动3　学会微笑服务

活动背景

评选时间快到了，小华又找到了张组长，想问问自己是否达到了评选的要求。张组长让小华跟他做了一次模拟客户跟客服的对话，模拟完成后，组长说了一句令小华很疑惑的话"你怎么说话没有笑容？"

?? 想一想　语音客服跟客户不是面对面交流，如何能判断出客服是否有笑容？

活动实施

第1步：微笑服务训练。

用一张白纸或一本书把脸遮住，用"微笑""平静""生气"的语调来朗读"先生，不好意思！您刚才说得太快了，我没听清楚。麻烦您再重复一次，好吗？"作为语音客服，工作台上最好能放一面镜子，以便随时督促自己微笑服务（见图3.1）。

图3.1　微笑服务

?? 想一想　如果你是这个客户,哪句话会令你心甘情愿地重复一次?

做一做　用不同的笑容去练习某个句子,给你的同学听并告诉你哪一句听上去是最舒服的,记住这个笑容度。

知识窗

　　要成为一个合格的语音客服,必须能提供优质的语音服务,这就要求客服人员咬字要清晰、音量要恰当、音色要甜美、语调要柔和、语速要适中、用语要规范、感情要亲切、心境要平和。还要注意以下电话礼仪:

　　①重要的第一声;

　　②心情准备;

　　③端正的姿态和清晰明朗的声音;

　　④亲切的表情影响声音——保持微笑;

　　⑤迅速准确地接听;

　　⑥认真清楚地记录;

　　⑦挂电话前的礼貌;

　　⑧注重电话沟通中的细节服务。

　　附:电话服务礼仪口诀

　　听到铃声,速接电话;先要问好,再报名称;姿态正确,微笑说话;听话认真,礼貌应答;通话简练,等候要短;吐字清楚,语速恰当;认真记录,复述重点;左手听筒,右手执笔;备好纸笔,随时记录;记录要全,六个W;做好准备,明确要点;礼貌结束,后挂轻放;转接之前,确认对方;动脑判断,再转上司;他人电话,有礼接待。(摘自中华礼仪培训网)

第2步:微笑熟读以下客服用语。

"您好,欢迎致电××客户服务中心,工号××××,很高兴为您服务,请问有什么可以帮您?"

"您好,您的电话已接通,请问您能听到我的声音吗?"

"很抱歉!我无法听清您的声音,麻烦您换一个方位或稍后再拨。感谢您的来电,再见!"

"对不起,我听不清您的声音,请您讲大声一点,好吗?"

"对不起,现在系统繁忙,请您稍等!"

"××先生/女士,请稍等,我马上为您查询。"

"很抱歉,让您久等了,现在线路比较繁忙,请问有什么可以帮您?"

"谢谢您提出的宝贵意见,我们会及时反馈给公司相关部门,并在以后的工作中不断改进,再次感谢您对我们工作的支持和关心。"

"不客气,这是我应该做的。"

"请问您还有其他问题需要咨询吗?"

"感谢您的来电,祝您生活愉快,再见!"

"感谢您的来电,请您稍后对我的服务做出评价,谢谢您,再见!"

活动小结

　　通过微笑服务的训练,小华终于达到了"最美"语音客服的标准:标准的发音、适中的语调与语速,并且带着微笑进行服务。她提交了评选所需的录音材料。经过评委的讨论,她获得了第3名。虽然不是最好的名次,但对于一个加入语音客服组才两周的人来说,这是一个莫大的鼓励,也督促了小华在以后的工作中更加注意这几方面。

合作实训

把班上同学分为若干小组，以小组为单位每组评选出一名"最美"语音客服。在这些小组"最美"语音客服里面通过班级投票选出全班"最美"语音客服。

任务 2 》》》》》》》
处理呼入业务

情境设计

小华到语音客服组已经两周了，在评选"最美"语音客服的同时，基本掌握了语音客服所需要的语言能力。第三周的周一，张组长把小华安排到呼入小组，从今天开始小华正式在这里上岗了。小华一直都以为客服一般分为售前客服、售中客服和售后客服，还从来没有听说过客服还有呼入客服，于是她找到了呼入小组的小组长。小组长并没有给小华任何解释，他希望小华能有主动学习的能力，所以他把小华带到小唐那里，让小华跟着小唐工作一天，第二天再跟他讲呼入客服是什么。

任务分解

为了让小华能尽快进入状态，小唐先自己处理了几通电话作为演示，然后让小华亲自上阵，他就在旁边指导。一天工作下来，小华处理了不少呼入业务。快下班了，小组长来到了小华跟前，问他呼入客服是什么。小华作了概括：呼入客服要有一定的听打速度，呼入客服业务最主要的任务是商品咨询、处理投诉和帮客户下订单。不管是什么业务内容，都要求客服能准确获取客户信息。

活动 1　训练听打

活动背景

小华一坐下，电话就来了（图 3.2），只见小唐一边接听，手就一边开始飞快地动起来（图 3.3）。小华之前是网络客服，所以打字速度也不慢，因此她也想接一个电话试一试。

图 3.2　语音客服常用工具

图 3.3　工作中的语音客服

活动实施

音频

第1步:听对话进行听打。

1.新建一个Excel表格,见表3.1。

2.扫描二维码,听对话。

3.根据对话内容填写表3.1。

表3.1 听打训练表

姓 名	
通信地址	
邮政编码	
固定电话	
联系电话	
电子邮箱	

?? 想—想 听一次对话,你就能把表格完成吗? 如何能提高听打速度呢?

第2步:互相对话进行听打。

(1)两人为一组,其中A为顾客,B做语音客服。

(2)A要在生活超市订购一瓶洗发水,B要通过跟A的对话,完成刚才的表格以便物流发货。

(3)角色互换。

□ 知识窗

　　常见的客户信息有:姓名(中英文)、性别、所在省市、固定电话、手机、电子邮箱、通信地址、邮政编码以及客户本次通话的原因等基础信息。这些基础信息对企业尤为重要,而其搜集的工作是由客服完成的。因此在对话的过程中,必须要准确无误地记录相关的信息。所需的正确信息可以通过以下相关技巧来获取:

　　1.拆字方法

　　拆字方法应以对方可以理解为标准。例如,"弓长张"还是"立早章"。

　　2.组词法

　　组词法应以常见、积极的词组为标准。例如,"年年有余"的"余"还是"虞美人"的"虞"。

　　3.提问法

　　当上述两种方法都无法确认信息的前提下,可以向客户提问。例如,"您说的是哪一个字呢?"

　　4.单词核对法

　　单词核对法是在对英文单词进行核对时使用的。例如,"B"for"boy"还是"D"for"dog"。

✎ 做一做 扫描二维码,听对话素材并进行听打训练。

活动小结

  小华经过了几通订货电话后发现，打字快并不代表听打快，因为之前网络客服是直接用文字沟通的，所以客户的具体信息可以通过文字对话获得。但语音客服必须通过语言的沟通来获得信息，这样就很有可能会出现信息上的错漏。为了能迅速并无误地录入相关的信息，必须要多进行听打训练，并找出适合自己的听打技巧。 同时还要有良好的沟通技巧，能在有限的时间内获取所需的客户资料。

听打训练

活动2　咨询商品

活动背景

  连续接了几通下订单的电话以后,新的一通电话进来了,客户想要了解哪种去屑洗发水性价比高。如果是以前,在搜索栏中把相关的商品搜索出来,将链接发送给客户挑选就可以了,但语音客服该怎么办呢?

活动实施

  话术案例模板。

  语音客服:您好,工号10086,很高兴为您服务! 请问有什么可以帮您?

  客户:我想买你们店搞活动的那套瑜伽服,想知道我应该穿什么尺码?

  语音客服:小姐,您好! 请问小姐贵姓?

  客户:王。

  语音客服:王小姐,您好! 您的眼光真好,这款瑜伽服可是我们店的爆款呢。冒昧地问一下,您的身高体重是多少呢?

  客户:165 cm,49 kg。

  语音客服:王小姐,您是标准身材哦,按平时穿的码数选择就行了,我的建议是 M 码。

  客户:会缩水吗?

  语音客服:王小姐,这个您可以放心,我们的瑜伽服是莫代尔面料,不缩水不掉色。

  客户:行吧,我再看看。

  语音客服:好的,王小姐。不过这款瑜伽服很抢手,活动也只有这两天,随时会断码哦,如果您真的喜欢,就赶紧下单吧。

  客户:好的。

  语音客服:王小姐,请问还有什么可以帮您?

  客户:没有了。

  语音客服:好的,王小姐,感谢您对我们店的支持,那就先不打扰您了,再见!

  客户:再见!

  第1步:分组。两人为一组,其中 A 为顾客,B 做语音客服。

  第2步:B 根据三款去屑洗发水的相关资料,回答 A 的问题(见图3.4—图3.6)。

某品牌去屑洗发露怡神冰凉型750ml

【商品名称】：某品牌 去屑洗发露 怡神冰凉型

【有效期】：3年

【产地】：中国

【规格】：750

【适合发质】：适合多种发质使用

【包装说明】：无外包装盒、无塑封、无防伪贴

【产品功效】：特有去屑滋润双效配方，帮助提升去屑及润发效果配合某品牌去屑洗发露使用，巩固去屑，带来更好润发效果，从头皮到秀发都感觉好似获得新生。润泽不油腻，感受清爽活力，适合多种发质使用清润滋养秀发，带给您充满生命力的秀发，让您时刻神采飞扬。更富含天然薄荷，带来清凉感受。

价格：60元

图3.4   咨询产品相关资料(1)

某品牌家庭护理兰花长效清爽去屑洗发露家庭装

保质期：3年

规格：1L

产品成分：水、月桂醇聚醚硫酸酯钠、月桂醇硫酸酯钠、氯化钠、乙二醇二硬脂酸酯、聚二甲基硅氧烷、椰油酰胺丙基甜菜碱、盐酸、柠檬酸钠、椰油酰胺 MEA、二甲苯磺酸钠、吡硫翁锌（ZPT）、（日用）香精、柠檬酸、苯甲酸钠、瓜儿胶羟丙基三甲基氯化铵、甲基异噻唑啉酮、CI 19140、CI 42090、甲基氯异噻唑啉酮

产品功效：特含天然植物配方以及兰花成分，帮助有效去除秀发油腻和杂质。持久洁净柔顺，解决头屑烦恼。

适用发质：适合中性发质

价格：40元

图3.5   咨询产品相关资料(2)

某品牌去屑止痒平衡乳300mL

某品牌 舒缓去屑止痒平衡乳：本款洗发乳是全新可调配型清凉去屑配方洗发乳，蕴含茶树等多种天然植物精华，添加有效活性去屑成份，切断头屑产生的根源，调节头皮角质层代谢，去屑止痒，长时间保持头皮头发的纯净清爽。

针对：头发暗黄／油脂分泌过多／头皮毛囊阻塞／粉末头屑／头屑黏腻／片状头屑／干燥痕痒／梳发时头皮发痒／烫染后头皮形状改变

使用方法：将平衡乳均匀涂抹于湿发上并揉搓起泡沫，然后将头发彻底冲洗干净，重复一次即可。若在设计师指导下，配合本系列针对性强化精纯露使用，效果更佳。

适合发质：头皮敏感、头痒及头屑发质适用。

价格：128元

图3.6   咨询产品相关资料(3)

▢ 知识窗

如果说快捷回复可以帮助网络客服更快地回答客户的问题，那么在语音客服中的 F&Q（原本写作 FAQ，Frequently Asked Questions）就有异曲同工之妙。一般的呼叫中心都会建有 F&Q 或相关知识库方便语音客服在提供服务的时候查阅，以便能更快地服务客户。当然，语音客服也可以根据平时的工作需要组建自己的 F&Q。

✎ 做一做   请同学们分组，根据刚才他们的对话内容上台表演，看看谁是最佳语音客服。

活动小结

商品咨询是小华之前在网络客服时经常做的事情，在小唐的指导下找到 F&Q 之后，小华很顺利地回答了客户的问题，给客户提供了建议，促成了这单交易。能顺利完成商品咨询的重点是要根据商品信息制作相应的 F&Q。

活动3   投诉处理

活动背景

刚刚才处理完商品咨询的电话，帮客户下了订单，电话又再响起。小华迫不及待地拿起了电话，谁知道开头语都还没说完，对方就一顿痛骂："你们怎么做事的？！刚收到的沐浴露，包装盒皱巴巴的，打开盒子一看，瓶子都裂开了，漏得满盒子都是，还让人怎么用啊？！我要退款！"在这种情况下，小华要安抚客户情绪，处理客户的相关投诉。

?? 想一想   语音客服与网络客服在面对客户投诉时，第一感觉有什么不一样？

话术案例模板。

语音客服：您好！工号10086，很高兴为您服务！请问有什么可以帮您？

客户：我明明买了5样东西，为什么现在到手的只有4样？

语音客服：小姐，您好！请您放心，如果是我们的责任，我们会马上给你补发。请问小姐贵姓？

客户：陈。

语音客服：陈小姐，您好！请问您的订单号是多少（边询问边作记录）？

客户：123456789。

语音客服:陈小姐,根据您的订单显示,您总共购买了750 mL的海飞丝去屑怡神冰凉薄荷洗发露、维达超韧130抽3层6包家庭特惠装抽纸、舒客红花清火牙膏120 g、滴露健康抑菌洗手液500 g和金号米菲兔红色纯棉浴巾各一件,对吗?

客户:是的。

语音客服:陈小姐,请问我们仓库给您漏发了什么东西?

客户:纸巾没收到。

语音客服:实在抱歉,陈小姐!可能是仓库的疏忽,给您漏发了。今天内安排仓库给您补发,您看这可以吗?

客户:行。

语音客服:那我再次跟您核实一下您的地址。请问是寄到广东省深圳市福田区新洲七街宝鸿苑×栋×××吗?

客户:是的。

语音客服:请问收件人是陈小晴吗?

客户:嗯。

语音客服:请问联系电话是1369×××966吗?

客户:是的。

语音客服:好的,我马上安排仓库给您补发,请您耐心等候。请问还有其他问题吗?

客户:没有了,谢谢。

语音客服:不用客气!感谢您的来电,再见!

□ 知识窗

话术,又称为说话的艺术,客服话术是语音客服工作中的语言规范。不同的情境,话术都会有不同,但也会有很多的共同点。

活动实施

第1步:安抚客户情绪。

(1)安抚客户情绪,要表达出"只要是我们的问题,我们会负起责任"的态度。

(2)获取客户信息。

第2步:了解投诉内容。

(1)详细了解投诉的原因。

(2)把相关内容记录下来,以便售后跟进(见表3.2)。

表3.2 投诉处理表

客户姓名	
联系地址	
手 机	
固定电话	
订单号码	
投诉原因	
处理建议	

第 3 步:提出处理建议。

公司或者店铺必须要有一个统一明确的处理方法的指引(例如,货物没按照订单内容发货,应该补发给客户),客服遇到投诉时,可根据相关指引给出处理建议,而不是随意处理投诉。如果遇到指引里没有涉及的内容,可登记下来,在询问主管领导得到处理建议后再回客户电话,告知其结果。

(1)询问客户想要得到的解决结果。

(2)提出投诉处理的建议。

(3)与客户达成共识。

第 4 步:设计话术模板。

做一做　模仿以上呼入话术案例给以下情境设计话术模板。

王栋 4 天前在生活超市购买了一个 Midea/美的 MB-FD409 智能预约电饭煲 4 L,寄往广东省东莞市新风路×××号(1379×××997),因受台风影响,现在还没收到货。

话术参考答案

活动小结

呼入话术属于被动式话术。话术流程包括:礼貌问候、认真聆听、需求判断、技能操作、业务应答、礼貌结束。虽然小华一开始被客户的一顿大骂给吓到了,但在小唐的指导下,安抚了客户,处理了该投诉。过程是磕磕碰碰的,结果是令人满意的。小华发现,做一名语音客服必须要有良好的心态、过硬的沟通技巧,要站在客户的立场想问题。

合作实训

(1)把班上学生分为若干小组,其中几组负责商品咨询的情境,另外几组负责投诉处理的情境,相关内容自拟,准备时间为 10 分钟。

(2)每个小组选派两名代表,分别扮演语音客服和客户的角色,完成情境展示。

(3)其他学生请作为同步录入信息员,将自己听到的重要信息记录在表 3.1 或表 3.2 内。

任务 3 〉〉〉〉〉〉〉
处理呼出业务

情境设计

小组长小雪解释了呼出跟呼入业务的不同。如果说呼入是被动服务,那么呼出就是主动服务。呼出业务涵盖了客户回访、产品推广、客户关怀等,流程包括激情问候、主题营销、揣摩判断、刺激需求、信息提炼、结束语。

任务分解

小雪希望用具体的工作为例,让小华能更深入地了解呼出客服,她给了小华 3 个工作任务,让小华今天通过呼出电话的拨打,完成任务里的要求。具体工作任务是:客户回访(对之前一个投诉进行回复处理并进行相关的满意度调查);产品推广(对超市现有的商品和活动进行推广);客户关怀(给今天生日的某位客户送去生日祝福)。

活动1　回访客户

活动背景

　　张小姐之前在生活超市订了一套洗护用品,凡购买该套洗护用品均送一套旅行装。但张小姐收到货之后,发现包裹里面并没有旅行装,因此她打电话投诉。小华负责做客户回访(见表3.3)。

表3.3　张小姐投诉处理表

客户姓名	张晓静
联系地址	广东省广州市广州大道×××号
手机	13912××××11
固定电话	—
订单号码	114186186
投诉原因	漏发旅行装
处理建议	补发

活动实施

　　话术案例模板。

　　语音客服:您好,我是×××网客服工作人员,请问您是张文先生吗?

　　客户:我是,你有什么事?

　　语音客服:张先生您好,您之前咨询过电影票的事宜,请问您还记得吗?

　　客户:对的,怎么样了? 可以打折吗?

　　语音客服:非常抱歉,张先生,您的问题已经反馈到相关负责人了,由于您的需求超出我公司的规定,这次确实是不能为您打折了。

　　客户:订了那么多票,一点优惠都没有?

　　语音客服:张先生,实在很抱歉,我很愿意帮助您,但由于公司的规定确实无法给您操作,我给您个建议,您考虑一下,可以吗?

　　客户:什么建议?

　　语音客服:张先生,您之前不是说过你们要搞年终活动,而您这次订的票是用作参与者的奖品吗?

　　客户:对啊,那又怎样? 那有什么关系吗?

　　语音客服:我核算了一下您购票的数量,一共是180张,公司规定买满200张就能打9.5折,只要您再多买20张就符合我们的要求给您折扣了。

　　客户:主要是我拿了这些票干嘛用呢?

　　语音客服:张先生,看电影都是双双对对的嘛,您可以把这20张票作为某些员工额外的奖品,折扣后您只需要多花一点钱就能够帮助公司提高员工的积极性了呀,很合适的,请问您对我给您提出的建议是否满意呢?

客户:嗯,也是,但我还得问问公司呢。我看看再说吧。

语音客服:好的,如果有什么不清楚的地方您可以随时来电咨询。

客户:好吧,那先这样吧。我回公司先申请一下吧。

语音客服:好的,张先生,感谢您对我们的支持,再见!

客户:再见!

1.回复投诉

第1步:拨通电话,报上工号。

第2步:核实对方身份。

第3步:说明回访目的。

第4步:根据"处理建议"进行投诉回复。

第5步:设计话术模板。

2.进行满意度调查

第1步:对此次投诉处理进行满意度调查。

第2步:对生活超市进行满意度调查。

第3步:对本次通话进行满意度调查。

第4步:设计话术模板。

✎ 做一做   为上面3种满意度调查设计调查问卷。

活动小结

小华完成这次客户回访后发现,客户回访是件有难度的事情。因为首先只有客户充分配合你,你才能完成客户回访;其实客户回访除了针对投诉的回访外,还有针对客户咨询、建议、报修等的回访。 在这过程中,关键是要有善于发现问题、分析问题、解决问题的独立思考能力。

活动2   推广产品

活动背景

现在注册生活超市会员,除了享受会员的优惠外,首单还可以免邮。另外,蓝月亮洗衣液(风清白兰香,手洗专用衣物护理,500 g/袋,10 元/袋)现在买二送一。小华负责进行产品推广。

活动实施

1.对活动进行推广

一般来说,客户对于这种推销电话是很抗拒的,因此如何能让你的客户耐心地把你的话听完是件很重要的事情,这不是一天两天就能做到的,必须要有一定的技巧和经过长期的训练。

话术案例模板:

语音客服:您好! 我是生活超市的客服,工号10086。您是袁小姐吗?

客户:是的,你有什么事?

语音客服:首先感谢您一直以来对我们生活超市的支持。您是我们的老客户了,我们将回馈老客户,特别推出了一个买就减的活动。我现在能向您介绍一下本次活动吗?

客户:我现在正忙,改天吧。

语音客服:我不会占用您太多时间,而且这个活动只在本周举行,我想您肯定不愿意错过这次机会。而且这次活动很优惠哦。

客户:那你快点说。

语音客服:我们这次活动是老客户通过电话登记,本周内买满100立减30,不设上限,不限商品,已经打折的商品以原价参加本次活动。

客户:我好像暂时没有东西需要买。

语音客服:此次活动优惠多多,短期内不会再有这种活动了。您可以买些生活用品囤着,以后一样用得着。

客户:好像是哦。

语音客服:我们这次活动是需要电话登记的,不如我先给您登记一下,您有需要的话,这周内都能优惠。

客户:那好吧。

语音客服:请问您的地址是?(开始登记相关资料)

客户:我的地址是……

语音客服:我重复一下您的地址是……请问收件人和电话就写您本人和现在这个号码吗?

客户:是的。

语音客服:好的,我已经帮您登记了,您有需要的话,请本周内登录生活超市购物都能享受买满100立减30的活动。再次感谢您对我们生活超市的支持,祝您身体健康,生活愉快,再见!

第1步:拨通电话,报上工号。

第2步:核实对方身份。

第3步:对活动进行推广。

第4步:设计话术模板。

2.对商品进行推广

第1步:拨通电话,报上工号。

第2步:核实对方身份。

第3步:对商品进行推广。

第4步:促成交易。

第5步:设计话术模板。

做一做 作为呼出语音客服,请推广以下产品:

不锈钢多功能榨汁机:

特价促销,多功能榨汁机,可以打果汁、豆浆、奶昔、磨粉、绞肉、搅拌、打冰等,主机是不锈钢材质,搅拌杯为加厚玻璃,完全无味,卫生易清洗,大功率打得更快更细,售后无忧,主机一年保修。机子不带加热功能,渣汁不能分离,榨汁时需要加适当的水一起榨。产品内含玻璃杯、干磨杯、绞肉杯。

玻璃杯:搅拌水果、果汁、奶昔、豆浆(黄豆要提前泡好,打好后再另外加热煮开)或者先将黄豆煮熟,然后加温开水一起打(注意水温不能超过50℃),打好后即可饮用。

干磨杯:磨粉,一般的五谷杂粮都可以磨,比如黄豆、绿豆、花生、米、芝麻,另外还有大蒜、姜、辣椒等。

绞肉杯:专门绞肉末。

促销活动:买一送十二(剥皮器×1、蛋清分离器×1、包饺子器×1、不锈钢过滤网×1、剥橙器×1、百洁布×3、切果器×1、电子档自制美容面膜大全×1、清洁刷×1、食谱×1)。

售价:150元(包邮)。

做一做　在班上随机抽取若干学生作为客服,另外抽取同样人数的学生作为客户,根据上面的内容分别对活动和商品进行推广,看看哪个客服最称职。

话术参考答案

活动小结

小华发现,比起客户回访,产品推广更难开展。要做好产品推广,必须要有良好的心理素质,要有灵活的应变能力,要懂得掌握客户的心理,还要学会使用电话沟通技巧来完成推广。

活动3　关怀客户

活动背景

今天是客户朱小云小姐的生日,小华作为客服要代表生活超市给客户送去生日祝福,并感谢她一直以来对公司的支持。

活动实施

话术案例模板:

语音客服:您好,请问您是×××先生吗?

客户:是的。

语音客服:×××先生,您好,我是×××4S店客服部的,不好意思,打扰您了,您看您现在方便接听电话吗?

客户:方便,你说吧。

语音客服:谢谢您。您是在×月×日在我店购买了一辆××车吧?首先恭喜您成为我们尊贵的车主。我店想了解一下,这段时间您在驾驶爱车的途中,车况使用顺利吗?驾驶时对车辆各方面的操控还习惯吗?

客户:挺好的,没有。

语音客服:是这样的,××先生,最近我店会对新车客户举办一次"爱车课堂"活动,主要是针对新车的一些保养和维护的常识,您看您到时方便参加吗?

客户:可以的。

语音客服:另外呢,想提醒一下××先生,厂家建议新车客户使用到 10 000 ~ 1 200 km,在做首次保养时,我们还可以帮助您做一个车辆首保的预约,这样不但可以节省您的时间,也可以让我们对尊贵客户的您,给予五星级的服务!

客户:好的,首保时会预约的。

语音客服:好的,××先生,若有打扰到您,还请您谅解,再一次祝您驾乘愉快,平安顺利,再见。

客户:谢谢,再见。

第1步:拨打电话,报上工号。

第2步:核实对方身份。

第3步:送去生日祝福。

第4步:感谢顾客对公司的支持。

第5步:设计话术模板。

做一做 今天是朱小云小姐成为生活超市客户的两周年,请你代表生活超市致电朱小姐,感谢她对公司一直的支持。

活动小结

客户关怀是呼出业务最简单的一环,但却是比较重要的。因为客户可以通过这些服务加深对企业的印象,感受到被关怀、被尊重的优越感,这对企业的发展也尤为重要。比起呼入话术,呼出话术比较不受客户的欢迎。因此在设计的过程中,一定要简短明了地表达自己的意思,总时长控制在2~3分钟为宜。

合作实训

(1)把班上学生分为若干小组,分别进行活动推广或商品推广,相关内容自拟。

(2)每个小组选出1名学生作为不配合客户。讨论一下,客户不配合时会有什么表现? 遇到这种情况,该怎么解决?

(3)每个小组选派两名代表,分别扮演语音客服和不配合客户的角色,完成情境展示。

项目总结

通过本项目的学习,同学们了解了语音客服的主要工作内容,学会了呼入业务和呼出业务的处理,知道了标准普通话的重要性,懂得了跟客户沟通的过程中要注意语调和语速,学会了微笑服务。随着电商企业的发展,语音客服的需求量越来越大,而且薪资跟福利待遇良好、晋升机会众多也吸引了不少人加入到语音客服这个工作中来。企业对语音客服的要求基本上有:口齿清晰,普通话流利,语音富有感染力;对销售工作有较高的热情;思维敏捷,具备较强的学习能力、沟通能力、应变能力和承压能力。我们通过学习,将越来越符合企业的要求。

项目检测

1.单项选择题

(1)接听电话时,以下不正确的做法是( )。

    A.如是留言,只记录留言人是谁即可

    B.等对方放下电话后再轻轻放回电话机上

    C.最好能告知对方自己的姓名

    D.接电话时,不使用"喂"回答

(2)用语规范,以诚待人,语调适中,语气平和,语言亲切,提倡讲( )。

    A.双语　　　　　　　B.普通话　　　　　　C.英语　　　　　　D.方言

(3)下面哪种属于拆字法? ( )

    A.曹操的曹　　　　　B.高兴的高　　　　　C.耳东陈　　　　　D.牛顿的牛

(4)在姓氏里面,"澹台"读作( )。

    A.Zhán tái　　　　　B.Tán tái　　　　　C.Zháng tái　　　　D.Táng tái

(5)"召就是介绍的绍去掉绞丝旁",请问这里用的是什么方法来获取所需的正确信息?

    ( )

A.拆字方法   B.组词法   C.提问法   D.单词核对法

2. 多项选择题

(1)按照电话礼仪的要求，员工在与客户通电话时，下列(　　)是应当避免的。

  A.哗哗地翻纸   B.吃东西

  C.回答身边同事的问题   D.作电话记录

(2)接听电话的正确做法有(　　)。

  A.认真作好记录，确认对方单位与姓名

  B.电话中可以使用专业术语，以显示服务的专业度

  C.通话结束后，应说声"再见"，并等对方挂后再挂

  D.接电话时，不使用"喂"回答

(3)拨打客户电话时，可以用(　　)作为通话结束语。

  A."感谢您的接听！"   B."很高兴为您服务！"

  C."请您再说一遍，好吗？"   D."感谢您的致电，再见！"

(4)下面哪种属于拆字法？(　　)

  A.双木林   B.又耳邓   C.马到成功的马   D.邓小平的邓

(5)下面的姓氏，哪个的读音是正确的？(　　)

  A.尉迟 Yùchí   B.薄 Báo   C.单 Shàn   D.谢 Xiè

3. 判断题

1.在和客户沟通时，应注意不要有意打断客户，在不打断客户的前提下，适时地表达自己的意见。   (　　)

2.电话通话完毕后，应等对方挂断电话后再将电话轻轻放回。   (　　)

3.接听客户来电时，因为有急事或在接另一个电话而耽搁时，应向来电的客户表示歉意。   (　　)

4.拨打电话时，应首先向客户通报自己的工号或姓名。   (　　)

5.在姓氏里面，"华"读作"Huá"。   (　　)

4. 简述题

简述以下话术中，语音客服哪些地方做得不对，该怎么做？

语音客服：喂？请问有什么可以帮您？

客户：我明明买了瓶去屑型的洗发水，为什么给我发过来的却是滋润型的，这让我怎么用？

语音客服：这个不可能！我们不可能发错货的！

客户：什么叫作不可能？难道我会骗你？

语音客服：小姐，你会不会下单的时候不小心按错了？

客户：你连查都没查，就说是我的问题？

语音客服：小姐，不好意思，请问你的订单号是多少？

客户：123456789。

语音客服：……

5. 实训题

假定你是肯德基宅急送的语音客服，请完成以下满意度回访。

任务背景

姓名：路晓男

手机：139 ××××2849

地址：北七家镇 ×× 花园 3 区

回访内容：①请问您对我们的服务意吗？ ②请问您对我们的送餐时间满意吗？ ③请问您对我们的餐点满意吗？

客户异议：订餐电话老是打不通。

实训要求：

两人为一小组，请根据正常客服对话设计话术模板，要求为一问一答式，讨论完成后请进行一问一答演示，请注意对话的完整性。

项目评分标准

* 语音、语调、语速标准，微笑服务(20%)
* 规范问候语播报，规范结束语播报(20%)
* 开场白道明来电意图，识别客户态度(20%)
* 处理客户异议(20%)
* 确认客户满意，感谢客户完成呼出任务(20%)

评分

评分标准	一(每小题4分，共20分)	二(每小题4分，共20分)	三(每小题2分，共10分)	四(共20分)	五(共30分)
得　分					
我的总分					
我的称号				总分 0 ~ 60 分	菜鸟语音客服
				总分 61 ~ 80 分	初级语音客服
				总分 81 ~ 90 分	高级语音客服
				总分 91 ~ 100 分	最美语音客服

项目 4

在线接待客户

【项目综述】

在线接待客户是客服实际工作流程中的第一个环节，客服通过各种在线聊天工具进行客户的售前、售后接待服务。小华经过岗前培训后，被安排到售前组的家居用品小组实习，负责家居用品系列的售前服务。进组第一天看见售前服务的同事们忙着跟不同的顾客打招呼，回答不同顾客的提问，根据顾客的需求，给顾客推荐最适合她的用品，完成下单并快速地帮助顾客核实信息，最后还周到地与每一位顾客告别。虽然很忙，但同事们都显得游刃有余。

小华看了羡慕得不得了，追着售前组组长问什么时候可以正式接待客户，组长告诉她还需要学会促销活动的介绍，学会设置接待顾客的常用语，学会处理顾客提出的异议，才能开始接待客户。小华听了以后，我一定要努力学习，用党的二十大精神武装头脑，在本职岗位上提升自己，努力做好新时代的客服工作，为全面建设社会主义现代化国家贡献青春力量。

【项目目标】

通过本项目的学习，应达到的具体目标如下：

知识目标

◇学会介绍促销活动。

◇学会接待客户并回答咨询。

◇学会设置在线接待常用语。

◇掌握处理异议的技巧和方法。

能力目标

◇培养学生"模仿—创新"的自主学习能力。

◇提高学生的分析应对及沟通能力。

◇让学生能根据不同异议自主灵活地进行处理。

素质目标

◇培养具有工匠精神，能够坚守岗位、吃苦耐劳的职业品格。

◇树立"正能量、守底线、有诚信、遵法纪"的网络客服职业价值观。

◇培养学生在遇到问题时，积极面对，积极寻求解决途径的工作意识。

【项目思维导图】

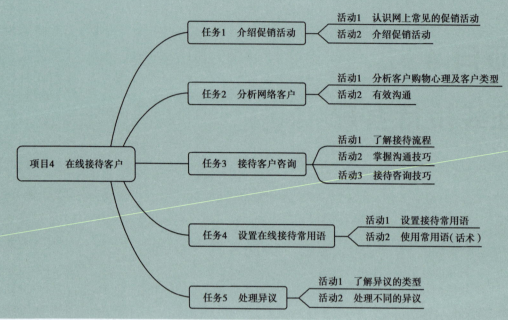

项目4　在线接待客户

任务1　介绍促销活动
　　活动1　认识网上常见的促销活动
　　活动2　介绍促销活动

任务2　分析网络客户
　　活动1　分析客户购物心理及客户类型
　　活动2　有效沟通

任务3　接待客户咨询
　　活动1　了解接待流程
　　活动2　掌握沟通技巧
　　活动3　接待咨询技巧

任务4　设置在线接待常用语
　　活动1　设置接待常用语
　　活动2　使用常用语（话术）

任务5　处理异议
　　活动1　了解异议的类型
　　活动2　处理不同的异议

任务 1 〉〉〉〉〉〉〉〉
介绍促销活动

情境设计

　　"618 年中大促"前，公司准备对家居用品系列商品举行大型促销活动，以提升业绩。公司让所有员工开动脑筋，提出自己的促销活动建议，好的建议一旦被采纳，公司将给予该员工表扬和奖励。小华觉得这是一次很好的锻炼机会，不仅可以提升自己的业务能力，还能将促销活动举办得更精彩，增加商品的销量。

　　小华根据平时看到的常见促销活动，查阅了各个知名网上商城的活动后，请教了小组长，针对商品的特点，拟出了促销活动，并策划了促销活动的方案，呈给了公司策划部门。

任务分解

　　要完成本次策划活动首先应该对大型网上促销活动流程有所了解，通过对促销活动的了解，能够熟练运用，并且能够针对本身销售的商品，提出有创意的促销活动以吸引客户，可以通过简洁、吸引眼球的网络促销语言让客户进入店铺，选购商品。

　　本次任务可以分解为两个活动：认识网上常见的促销活动；介绍促销活动。

活动 1   认识网上常见的促销活动

活动背景

用什么样的促销活动呢？小华决定先到淘宝、京东、苏宁易购等知名网上商城去学习，了解其他商家是怎么做的，如图 4.1—图 4.3 所示。

图 4.1   淘宝商城

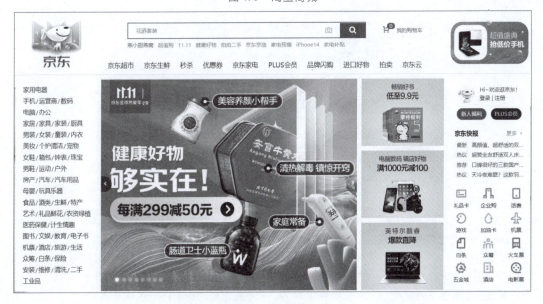

图 4.2   京东商城

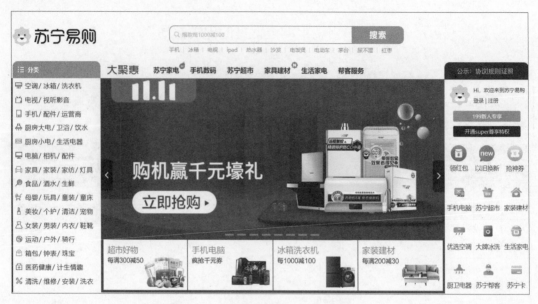

图4.3　苏宁易购

活动实施

上网查询商城,进入商城的家居用品专区,了解其他商家是怎样做的,然后分析常见的促销活动有哪些?

1. 商家查询

第1步:单击进入百度,输入商城名称(以京东商城为例),如图4.4所示。

图4.4　百度搜索"京东商城官网"结果页面

第2步:单击进入京东商城(官网),并根据导航找到家居用品专区,如图4.5所示。

第3步:单击家居专区,进入店铺查看商品,并联系客服,如图4.6、图4.7所示。

图 4.5　京东商城（官网）首页

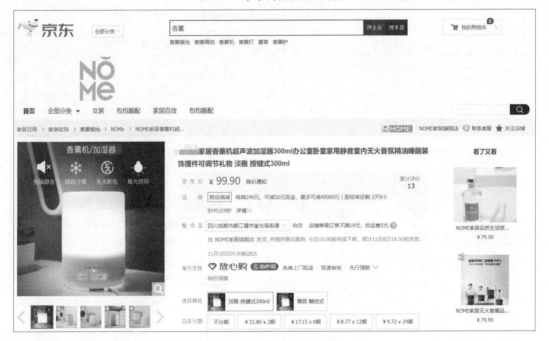

图 4.6　京东商城商品详情页

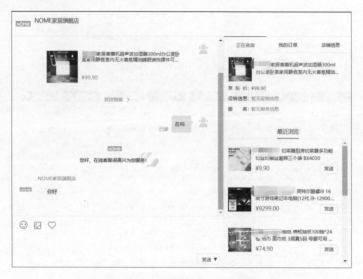

图4.7 京东商城客服回复页面

2. 常见的网络促销策略

认识网络促销常见策略(见表4.1)。

表4.1 常见的网络营销促销策略

方 式	知名商城案例	特点及表现形式
折价优惠		• 目前网上最常见的一种促销方式;网上价格一般低于传统实体店价格;是最直观、最实用的促销方式; • 表现形式主要有:一口价、直接价格折扣、满××减××、预付立减/送、秒杀、组合销售、团购、拍卖等。
变相折价促销		• 在不提高或稍微增加价格的前提下,提高产品或服务的品质,较大幅度地增加产品或服务的附加值,让消费者感到物有所值。利用增加商品附加值的促销方法会更容易获得消费者的信任。 • 表现形式:提升品质、增加附加功能或服务,明星效应等。
赠品促销		• 赠品可以提升品牌和网站的知名度,鼓励人们经常访问网站以获得更多的优惠信息,能根据消费者索取赠品的热情程度而总结分析营销效果和产品本身的反映情况等。 • 表现形式:新品推出赠送关联商品,对抗竞争品牌时赠送超值商品,开辟新市场时赠送体验商品等。

续表

方　式	知名商城案例	特点及表现形式
抽奖促销	关注店铺抽正装 >	• 应用较为广泛的一种促销形式,以一个人或数人获得超出参加活动成本的奖品为手段进行商品或服务的促销。 • 表现形式:推广某项活动时、调查研究时、庆典活动时、产品集中销售时附加在主活动之后。
积分促销	会员尊享 积分兑好礼 立即加入会员	• 不断加强与顾客交流,不断了解顾客需求,并不断对产品及服务进行改进和提高以满足顾客的需求,使其成为忠实客户。 • 表现形式:会员专享区、积分优惠区等。

?? 想一想　根据情景设计,小华如何根据家居用品的特点选择合适的促销活动?

做一做　上网查一查常见促销活动的体现,并发现有创意的促销活动,与同学一起分享。

想一想参考答案

活动小结

小华通过查询了解了网络常见促销活动, 她根据公司家居用品系列的特点, 考虑到 "618 年中大促" 是网络重大折扣节日, 最后确定了折价优惠+赠品促销的组合促销策略。

活动 2　介绍促销活动

活动背景

小华了解了各种常见的促销活动,接下来要将活动清晰地进行介绍,因为好的促销活动想要达到预想的效果,需要讲究团队间的战术配合。

活动实施

第 1 步:根据公司促销活动方案,制作促销活动执行手册(见表 4.2)。

表 4.2　促销活动执行手册

活动时间	2021 年 6 月 16 日至 6 月 19 日
活动形式	折价优惠+赠品促销
活动主题	"618 狂欢玩赚全场"
促销内容	①家居指定商品预付定金,尾款立减; ②家居用品全场每满 300 元立减 30 元; ③预定指定产品前 1000 名,送同款; ④全场购家居用品系列产品享受双倍积分优惠。

续表

活动时间	2021 年 6 月 16 日至 6 月 19 日
活动细则	①6 月 16 日零时开始至 6 月 19 日 24:00 结束,活动结束后恢复原价; ②活动期间享受公司所有保障服务。
简明流程	①活动开始前 20 天进行网络宣传; ②预估此次活动效果,所有活动商品库存在活动前 3 天进行库存量检查,确保商品充足; ③客服部安排客服人员提前熟悉活动商品及促销内容,提升接待能力; ④联系合作的快递公司,确保活动期间商品正常发货。
活动标准快捷回复	您好! 欢迎光临生活超市。我是客服 XX,618 狂欢,玩赚全场,我们正在进行家居用品折扣活动,优惠多多,实惠多多哦!
注意事项	①支持货到付款; ②支持 7 天消费者保障。
备 注	

生活超市 618 促销方案

公司定于 2021 年 6 月 16 日至 6 月 19 日期间举行促销活动,方案如下:

(1)家居指定商品预付定金,尾款立减。

(2)家居用品全场每满 300 元立减 30 元。

(3)预定指定产品前 1 000 名,送同款。

(4)全场购家居用品系列产品享受双倍积分优惠。

活动结束后恢复原价,活动期间享受公司所有保障服务。支持货到付款,7 天消费者保障。

?? 想一想 促销活动的实施,需要哪些部门的配合?

第 2 步:通过各种网络渠道进行宣传。

宣传实施前应制定"推广计划表"(见表 4.3),便于营销团队、客服团队成员按照计划完成促销宣传。

表 4.3 推广计划表

宣传推广 时间段	5 月 29 日—6 月 18 日						
推广范围	微博推广	社群推广	B2C 网站推广	短视频	软文	直播	搜索引擎
推广频次/(次·天$^{-1}$)	15	20	20	10	10	15	10

做一做 上网查一查其他吸引你眼球的促销活动,它的执行手册是怎么做的?

活动小结

小华在了解促销活动后,在小组长小罗的帮助下,制作了活动促销执行手册,通过执行手册每一项填写,她借鉴了很多好的经验,完成了此次客服部策划活动。

合作实训

"促销活动执行手册模板"是网络客服指定和了解促销活动的辅助工具之一，内容包括活动名称、活动形式、活动主题、活动细则、活动内容、活动标准快捷回复、注意事项等，能帮助客服快速了解促销活动内容。

以生活超市的"618"促销活动为例：推出家居指定商品预付定金，尾款立减和家居用品全场每满 300 元立减 30 元的活动，从而带动其他商品的销售，规定从 5 月 29 日开始开放预售，时间过后立刻恢复原价。以小组为单位，完成一份"促销活动执行手册模板"。

任务 2 >>>>>>>>>>
分析网络客户

情境设计

实习期间，小组长小罗扮演客户与小华进行了模拟培训。小罗抛出了很多问题："价格能不能再少点儿啊？""可以包邮吗？""产品性能怎么样啊？""损坏了怎么办？""是正品吗？"等，小华应接不暇，有时候一不小心"客户"在看到小华的回答后，就再也没下文了。这是为什么呢？小罗告诉她，当客户提出问题时一定要分析客户，了解客户为什么会问这样的问题，就能分析出客户的类型，这样才能更好地应对客户咨询并促进销售。

任务分解

本次的任务是通过与客户的对话分析网络客户心理，了解客户的喜好，及时应对客户的咨询提升沟通技巧。

本次任务可以分解为两个活动：分析客户购物心理及客户类型；有效沟通。

活动 1　分析客户购物心理及客户类型

活动背景

小华听了主管的话，发现原来回答客户提问前还应学习和掌握那么多的知识，她开始对客服工作有了新的认识，也开始积极地在网上搜集案例，请教部门的老员工，学习怎样分析客户购物心理，进而从容应对客户咨询，增进销售了。

活动实施

第 1 步：搜集案例，分析客户购物心理及客户类型。

1. 分析客户购物心理

著名营销心理学案例——卖木梳给和尚

木梳是用来梳头发的，和尚是没有头发的，怎么才能让和尚买木梳？这是一家公司在招聘业务主管时的一道面试题。

一家大公司扩大经营招业务主管，报名者云集，招聘主事者见状灵机一动，相马不如赛马，决定让应聘者把木梳卖给和尚。以 10 天为限，卖得多者胜出。绝大多数应聘者愤怒，说：出家人要木梳何用？这不是拿人开玩笑嘛，最后只有三个人应试。

十天一到。主事者问第一个回来的应试者："卖出多少把？"回答是："1 把。"并且历数辛苦，直到找到一个有头癣的小和尚才卖出一把。

第二个应试者回来，主事者问："卖出多少把？"回答是："10 把。"并说是跑到一座著名寺院，找到主持说山风吹乱了香客头发对佛不敬，主持才买了 10 把给香客用。

第三个应试者回来，主事者问："卖出多少把？"回答是："1 000 把，不够用，还要增加。"主事者惊问："是怎么卖的？"应试者说："我到一个香火很盛的深山宝刹，香客络绎不绝。我找到主持说，来进香的善男信女都有一颗虔诚的心，宝刹应该有回赠作为纪念，我有一批木梳，主持书法超群，可以刻上(积善梳)三个字做赠品。主持大喜，我带的 1 000 把全部要了。得到梳子的香客也很高兴，香火更加兴旺，主持还要我再卖给他梳子。"

从这个案例中体会到：把木梳卖给和尚，听起来匪夷所思，但在别人认为不可能的地方开发出新的市场，那才是真正的营销高手。利用香客积善求福的心理，将木梳定义为积善的小礼品，引导主持通过赠送的方式回馈给香客，从而将木梳卖给没有头发的和尚。

根据以往经验归纳出以下 7 种购物心理：

①求便利心理：网购客户之所以喜欢网购，就是因为随着生活节奏的加快，网购可以满足他们追求方便、快捷的心理需求。

②求廉价心理：有些顾客以追求物美价廉为主要目的，他们非常关注产品的价格，目前，网上商品经常给顾客一种"便宜"的心理暗示。

③从众心理：就是"人有我有""你买，我也买"的心理。顾客受别人的影响，购买行为"随大流"。

④求新猎奇心理：追求时尚，与众不同。新奇好玩的产品比较适合有这种心理需求的人群。

⑤安全心理：有安全心理需求的顾客关注产品的安全性能，主要考虑产品是否会带来危险。这多出现在购买母婴产品或电器产品的顾客身上。

⑥偏好心理：每个人都有自己的偏好，像有些人只喜欢穿高跟鞋，有些人只喜欢穿平底鞋。

⑦疑虑心理：这类客户怕上当受骗，满脑子疑虑。因此反复向客服询问，客服和这类顾客打交道时，要说明产品的质量经得起考验，如果出现质量问题可以退货。

案例：

客户：你好，在吗？

客服：您好，欢迎光临，请问有什么可以帮到您的吗？

客户：鞋子到底是不是真皮的啊！

客服：是的。

客户：看了好多评论基本还可以，不过有一条评论，人家肯定了不是真皮的。

客服：这个请放心，绝对真皮，正品保证。

客户：有鉴定证书吗？

客服：……

??想一想　和同学们一起讨论，我们自己上网购物属于哪种心理？还有其他的心理特征吗？

2. 客户类型

(1) 按客户性格特征分类(见表 4.4)

表4.4　按客户性格特征分类

类　型	特　质
友善型客户	性格随和,对自己以外的人和事没有过高的要求,具备理解、宽容、真诚、信任等美德,通常是企业的忠诚客户。
独断型客户	异常自信,有很强的决断力,感情强烈,不善于理解别人;对自己的任何付出一定要求回报;不能容忍欺骗、被怀疑、慢待、不被尊重等行为;对自己的想法和要求需要被认可,不容易接受意见和建议;通常是投诉较多的客户。
分析型客户	情感细腻,容易被伤害,有很强的逻辑思维能力;懂道理,也讲道理,对公正的处理和合理的解释可以接受,但不愿意接受任何不公正的待遇;善于运用法律手段保护自己,但从不轻易威胁对方。
自我型客户	以自我为中心,缺乏同情心,从不习惯站在他人的立场上考虑问题;绝对不能容忍自己的利益受到任何损害;有较强的报复心理;性格敏感多疑;时常"以小人之心度君子之腹"。

(2)按消费者购买行为分类(见表4.5)

表4.5　按消费者购买行为分类

类　型	特　质
交际型	有的客户很喜欢聊天,先和您聊了很久,聊得愉快了就到您的店里购买商品,成交了,也成了朋友,或至少熟悉了。
购买型	有的顾客直接买下您的商品,很快付款,收到商品后也不和您联系,直接给您好评,对您的热情很冷淡。
礼貌型	有的顾客与客服沟通时很有礼貌,即使需要退换货也会礼貌地与客服沟通。
讲价型	有的顾客喜欢砍价,无论是否说明"绝不议价",也乐于向客服砍价。
拍下不买型	有的顾客不喜欢放购物车,喜欢直接拍下再考虑买不买。

(3)按网店购物者常规类型分类(见表4.6)

表4.6　按网店购物者常规类型分类

类　型	特　质
初次上网购物者	这类购物者在试着领会电子商务的概念,他们的体验可能会从在网上购买小宗且安全的物品开始。这类购物者要求界面简单、过程容易。
勉强购物者	这类购物者对安全和隐私问题感到紧张。因为有恐惧感,他们在开始时只想通过网站作购物研究,而非购买。
便宜货购物者	这类购物者广泛使用比较购物工具。这类购物者不玩什么品牌忠诚,只要最低的价格。

续表

类　型	特　质
"手术"型购物者	这类购物者在上网前已经很清楚自己需要什么,并且只购买他们想要的商品。他们的特点是知道自己做购买决定的标准,然后寻找符合这些标准的信息,当他们很自信地找到了正好合适的产品时就开始购买。
狂热购物者	这类购物者非常热衷于购物,他们容易受到广告、促销的影响,不论是否需要,都会买下。
动力购物者	这类购物者因需求而购物,而不是把购物当作消遣。他们有自己的一套高超的购物策略来找到所需要的商品,不愿意把时间浪费在东走西逛上。

?? 想一想　为什么现在电商越来越多地说"满1 000减200"而不是"1 000元后,打8折"？请你试用消费者心理来解释这一现象。

做一做　两人一组,为购买一件指定产品进行客服和客户之间的模拟对话,判断对方属于哪种类型的客户。

想一想参考答案

活动小结

小华通过案例分析,请教老员工,了解了客户的心理状况以及客户的类型,为应对各种类型客户心理打下了良好的基础。

活动2　有效沟通

活动背景

小罗告诉小华,网络客服的主要工作就是与客户沟通。分析网络客户心理和类型的目的就是要做到有效沟通、及时应对,才能提高工作效率,贯彻运营目标,留住客户。于是小华又开始钻研怎么样才能有效沟通了。

活动实施

回 知识窗

所谓有效的沟通,是通过听、说、读、写等思维的载体,通过演讲、会见、对话、讨论、信件等方式准确、恰当地表达出来,以促使对方接受。

第1步:事前准备。

四川省安县桑枣中学紧邻北川,在汶川大地震中也遭遇重创,但由于平时学校重视紧急疏散演练,此前进行了多次演习,地震发生后,全校2 200多名学生、上百名老师,从不同的教学楼和不同的教室中,全部冲到操场,仅用时1分36秒,无人伤亡。可见事前准备工作的重要性。

要做一名优秀的网络客服,与客户沟通前要先学习客户购物心理,了解不同购物心理客户的沟通方式,掌握应对方法。同时要熟悉产品、公司运营规则,可以随时准备回答客户。

第2步:确认需求。

客服通过提问:请问需要什么帮助？了解客户的需求,了解需求后转为封闭式提问,以进一步明确客户的需求。

第3步：阐述观点。

明确客户需求后，按 FAB 顺序向客户阐述观点。FAB 的原则：F 就是 Feature，属性；A 就是 Advantage，这里翻译成作用；B 就是 Benefit，利益。在阐述观点的时候，按这样的顺序来说，对方能够听懂、接受。

例如：

我这款产品是纯天然的——加强肌肤滋润效果，天然美白——您的肤质非常适合

（属性————————————作用————————————利益）

没有用 FAB 顺序：

您的肤质非常适合——纯天然的——加强肌肤滋润效果，天然美白

??想一想 这两种描述方式哪种更能让客户接受呢？为什么？

第4步：处理异议。

在沟通中遇到异议之后，首先了解对方的某些观点，然后当对方说出了一个对你有利的观点的时候，再用这个观点去说服对方。即在沟通中遇到了异议要用"柔道法"让对方自己来说服自己。

第5步：达成协议。

沟通的结果就是最后达成了一个协议。请你一定要注意：是否完成了沟通，取决于最后是否达成了协议。在达成协议的时候，要做到感谢、赞美、庆祝。

第6步：共同实施。

在达成协议后，要共同实施。客户下了订单，要进行支付；支付成功后，售后跟进发货，直到完成交易。

做一做 试着用 FAB 顺序进行商品的阐述。

活动小结

小华在遇到客户提出的问题时，不会再盲目地进行回答了，她根据与顾客简单的交流，能快速判断客户的类型，找出应对策略与客户进行有效沟通，大大提高了工作效率，学会了与客户的有效沟通，能真正留住客户了。

合作实训

3 人一个小组，分别进入京东、淘宝、苏宁易购等网站，以不同的方式与客服进行售前购物沟通，并讨论出针对不同问题最佳的客服应对策略。

（1）A 同学：以初次购物者身份提问。

（2）B 同学：以讲价型购物者身份提问。

（3）C 同学：以分析型购物者身份提问。

任务 3 >>>>>>>>
接待客户咨询

情境设计

小罗跟小华说:"准备一下,明天让你跟我一起正式接待客户。"小华很激动,立即开始准备怎样接待客户咨询。

任务分解

商品发布到网上以后,客户通过各种渠道看到了这件商品,但是可能会觉得商品介绍得还不够详细,希望通过直接咨询客服人员的方式来获取更细致和个性化的信息,因此,生活超市的在线接待工作是客服日常中的一个重要内容,咨询过程中的沟通技巧也非常重要,会直接影响到交易是否能够达成。

本次任务是如何做到接待咨询,通过平时接待工作的流程和分析客户所关注的问题,我们将接待客户咨询分解为 3 个活动:了解接待流程;掌握沟通技巧;接待咨询技巧。

活动 1 了解接待流程

活动背景

小华准备工作的第一步,就是要了解咨询工作的基本流程有哪些,其实只要我们清楚了接待流程,对待每一个客户都能按照流程去做,那接待工作就游刃有余了。

活动实施

第 1 步:了解在线接待基本流程。

(1)问好——回复客户咨询的第一句话。

(2)提问——善于提问能够引导客户。

(3)分析——通过沟通分析客户的真正需求。

(4)推荐——通过分析和提问作出商品(或服务)推荐。

(5)谈判——成功的谈判将直接促成交易。

(6)帮助——解决客户交易中的困难。

(7)核实——交易达成前要最后确认。

(8)告别——告别时要有技巧地收尾。

第 2 步:准备日常问答标准回复话术。

(1)问好

客服:亲,您好。欢迎光临生活超市家居用品专区,我是您的客服×××,非常高兴为您服务。请问有什么可以帮您的吗?

客服:亲,您好。欢迎光临生活超市家居用品专区,我是您的客服×××,非常高兴为您服务。现在我们家居用品正在促销活动中,请问有需要的吗?

（2）买家直接发商品链接或文字询问商品情况。如是否有货或价格是否能优惠等

客服：亲，您好。我是生活超市您的客服代表×××，您稍等，我帮您核实一下宝贝的情况，马上回复您。

客服：亲，您好。现在这件宝贝已经是……

第3步：不断积累日常问答库

一些专业性较强的商品相关问题，使用FAQ来回答不仅上手更快，而且不容易回答错误，以免导致顾客对店铺的专业性表示怀疑。同时，常见问答也是对新员工进行上岗培训最好的教材，这些问题和答案可以通过平时的工作来收集和整理，也可以通过互联网去进行搜索，或者去相关的专业论坛寻找。

第4步：了解遵守接待流程的重要性

（1）可以提高工作效率。

（2）尽量减少失误。

（3）使接待服务显得更加规范和专业。

（4）统一规范工作流程，养成严谨的工作作风。

（5）可以纳入工作考核内容，同时还有利于新员工的上岗培训。

FAQ

?? 想一想　作为一名客服，有必要积累日常问答库吗？为什么？

 做一做　请同学们以女装为例，设置日常回答的标准回复。

活动小结

通过了解接待流程，小华清楚了每个阶段应该做什么样的事情，她在真实接待中也不会感觉手忙脚乱。FAQ的使用会减少工作中的失误，也养成了对待每一位位客户规范化接待的工作作风。

活动2　掌握沟通技巧

活动背景

小华准备工作的第二步，是要掌握接待客户咨询时的沟通技巧。不查不知道，结果沟通技巧还包括了很多方面，这让小华更加感到客服工作一点都不简单。

活动实施

第1步：运用客服沟通交谈技巧，促成客户下单。

（1）端正态度。

①树立端正、积极的态度。

②要有足够的耐心与热情。

（2）使用微笑表情。

微笑是对顾客最好的欢迎，微笑是生命的一种呈现，也是工作成功的象征。网络客服适当使用带笑脸的表情，也有利于沟通。

（3）多使用礼貌用语。

俗话说"良言一句三冬暖，恶语伤人六月寒"，一句"欢迎光临"，一句"谢谢惠顾"，短短的几个字，却能够让顾客听起来非常舒服，产生意想不到的效果。

（4）注意规范用语。

客服在接待咨询时，要注意尽量使用规范用语，既尊重客户，也表现了客服的专业性，从而获得客户的信任。常用规范用语见表4.7。

表4.7　常用规范用语表

序号	常用语	禁忌语
1	"您"或者"咱们"	"你""你们"
2	"您好""请问""麻烦""请稍等""不好意思""非常抱歉""多谢支持"	"有什么事吗？""现在太忙，等一下。""有话就说，没空搭理你。"
3	"欢迎光临""认识您很高兴""希望在这里能找到您满意的DD"	"你要什么DD，就自己选吧。""你喜欢什么就直接付款好了。"
4	"看看我们能够帮您做什么"	"我不能"
5	"我们能为您做的是……""我很愿意为您做"	"我不会做""这不是我应该做的""我想我做不了"

（5）采用个性化的沟通方式。

任何一种沟通技巧，都不是对所有客户一概而论的，针对不同的客户应该采用不同的沟通技巧（见表4.8）。

表4.8　不同类型顾客沟通方式表格

序号	类　别	顾客具体体现	沟通方式
1	对商品了解程度不同	对商品缺乏认识，不了解	像朋友一样细心地解答，多从顾客的角度考虑并推荐。
		对商品有些了解，但是一知半解	控制情绪，有理有节、耐心地回答，向顾客表示你的丰富专业知识，让顾客认识到自己的不足，从而增加对你的信赖。
		对商品非常了解	让顾客感到自己被当成内行朋友，而且你尊重顾客的知识，你给顾客的推荐肯定是最衷心的、最好的。
2	对价格要求不同	有的顾客很大方，说一不二，看见你说不砍价就不跟你讨价还价	主动告诉顾客我们的优惠措施，我们会赠送什么样的小礼物，这样，让顾客感觉物超所值。
		有的顾客会试探性地问问能不能还价	坚定地告诉顾客不能还价，同时也要态度缓和地告诉顾客我们的商品是物有所值的。并且谢谢顾客的理解和合作。
		有的顾客就是要讨价还价，不讲价就不高兴	要有理有节地拒绝顾客的要求，适当的时候建议顾客再看看其他便宜的商品。

续表

序号	类　别	顾客具体体现	沟通方式
3	对商品要求不同	对购买的商品质量有清楚的认识	这样的顾客很好打交道,据实回答顾客提出的问题,并且谢谢顾客又选择购买该类商品。
		有的顾客将信将疑,会问:图片和商品是一样的吗	要耐心向顾客解释,在肯定我们是实物拍摄的同时,要提醒顾客难免会有色差等,让顾客有一定的思想准备,不要把商品想象得太过完美。
		顾客非常挑剔	要实事求是地介绍商品,还要实事求是地把一些可能存在的问题都介绍给顾客,告诉顾客没有东西是十全十美的。如果顾客还坚持要完美的商品,就应该委婉地建议顾客选择实体店购买需要的商品。

第 2 步:根据网络客户购物心理,准备应对技巧(见表 4.9)。

表 4.9　网络客户购物心理应对技巧表

网络客户购物心理	举　例	应对技巧
求便利心理	客户之所以在网上购物,就是图方便快捷	(1)亲,我们将尽快为您发货。 (2)亲,我们接受多种付款方式,还可以货到付款,您看要不要拍下,我们尽快为您发货哦。
求廉价心理	顾客追求物美价廉,性价比高的商品,但自家的商品不是全网最便宜的,怎么跟顾客谈论价格和价值的问题呢?	亲,我们家买第 2 件是半价哦。 亲,买我们家爽肤水,就赠送润肤露小样 1 瓶哦。
从众心理	大部分购买"会计考证"辅导书的顾客都具有从众心理,怎么说明让该部分顾客从众购买呢?	亲,很多老客户考过后,都介绍自己的朋友来我们店买这本辅导教材哦。 亲,这本辅导书是指定辅导教材,大部分人都在我们店里购买,销量是排在前十的哦。
求新猎奇心理	一家面向年轻人的时尚服装店,商品时尚、平价。怎么说明我们的服装比较时尚呢?	亲,我们的设计师非常年轻、时尚,设计出来的 YY 外面是买不到的。 亲,我们的 YY 只针对年轻人设计,店里消费顾客平均年龄不到 20 岁,而且价格非常亲民哦。
安全心理	在销售母婴产品时,应当适时为顾客建立安全保障。如面对购买奶瓶的顾客,怎么说可以让顾客更加放心购买?	亲,本店销售的产品均是厂家正规供货,奶瓶自带防伪标识,请放心购买。 亲,奶嘴采用医疗级硅胶材质,每一口都安心哦。

续表

网络客户 购物心理	举 例	应对技巧
偏好心理	每个人都有自己的偏好,向顾客推荐商品前,最好试探顾客的偏好,可以如何试探呢?	亲,你是喜欢艳丽一些的,还是素雅一些的颜色,我帮你推荐适合你的款式。 亲,你需要什么风格的灯饰来配家里的装修:卡通的、华丽的,还是异域风格的。
疑虑心理	网上购物怕假货,很多顾客都会问是否正品,如何回答可以减轻疑虑?	本店产品均为正品、官方授权有据可查、免费正品鉴定、七天无理由退货。 本店保证提供正品,假一赔十。

?? 想一想 沟通技巧对接待咨询工作的意义有哪些?

活动小结

小华通过以上几个方面的学习,了解到只有认真分析客户心理,针对不同的客户运用不同的技巧进行沟通,才能事半功倍,让客户满意。

活动3 接待咨询技巧

活动背景

小华掌握了沟通技巧,小罗让她正式接待客户了。小华又兴奋又激动,终于要将平时培训的知识运用到工作中,使之成为在线接待中的咨询工作技巧了。

活动实施

第1步:掌握促进交易的应对技巧,见表4.10。

表4.10 促进交易应对技巧表

技巧运用	举 例	应对技巧
利用"怕买不到"的心理	客户:这个商品好是好,但还是贵了点。	客服:这款是我们最畅销的了,经常脱销,现在这批又只剩2个了,估计要不了两天就没了,喜欢的话别错过了哦!
利用顾客希望快点拿到商品的心理	客户:这个商品最快什么时候能到啊?	客服:快递公司的人再过10 min就要来了,如果现在支付成功的话,马上就能为您寄出了。
采用"二选其一"的技巧,帮助顾客挑选,来促成交易	客户:我不知道该怎么选洗面奶了。	客服: (1)请问这个洗面奶,您喜欢清爽控油的还是美白的啊。 (2)您需要100 mL还是200 mL? 我们200 mL的现在正在搞活动,购买就赠送精美礼品哦!
采用巧妙反问,促成订单	客户:这款有去黑头的吗?	客户:不好意思,我们没有进货,不过我们有深层清洁、保湿、补水的,这几款里,您比较喜欢哪一种呢?

续表

技巧运用	举　例	应对技巧
积极推荐,促成交易	客户:我不知道该选哪款了,你认为呢?	客服:××款是我们店最畅销的了,经常脱销,根据前面您咨询的,也非常适合您的肤质,就这款吧。

第 2 步:掌握控制咨询节奏的技巧。

除了回答顾客关于交易上的问题外,还可以适当聊天,这样可以促进双方的关系。但自己要控制好聊天的时间和度,毕竟,你的工作不是闲聊,你还有很多正经的工作要做。聊到一定时间后可以以"不好意思我有点事要走开一会儿"为由结束交谈。

第 3 步:掌握说服客户的技巧。

(1)调节气氛,以退为进。

例　客服:那这样吧,亲,我对您的要求已经一一解释了,要不咱们放一放,您再看看其他的,我们再聊,好吗?

(2)争取同情,以弱克强。

例　客服:亲,我们做客服的也不容易,这个折扣真的超出我的权限了,实在人微言轻,没办法,见谅了。

(3)消除防范,以情感化。

例　客服:您说得对,我们的想法是一致的,因此,您的问题我会非常愿意帮助您处理……

(4)投其所好,以心换心。

例　客服:您喜欢的这款也是我喜欢的,咱们真是英雄所见略同啊!

第 4 步:掌握接待咨询中的注意事项。

①回复及时给客户留下好印象(黄金 6 秒)。

②用词简单生硬影响客户体验(加语气词)。

③一切都为了让客户留得更久(先交朋友)。

④千万要注意网络交易安全(专业的形象)。

⑤建议搭配适合的网络表情(亲和力加分)。

??想一想　当客户询问有没有小礼物时,客服答:"不好意思! 没有礼物送!"请问这样的回答合适吗? 你有其他的回答建议吗?

做一做　到淘宝、京东等网站上与客服就商品质量问题进行咨询,看看每个不同的客服运用了哪些工作技巧?

活动小结

小华和小罗在一起接待咨询,利用"三分问七分听"的方式,结合自身了解的技巧,成功地为客户进行了咨询服务:引导客户表达出他们内心真正的想法和需求;通过提问挖掘出客户真正的需求,能够站在对方的角度考虑问题,及时给出解决方案,使客户愿意接受他的推荐及咨询。

合作实训

6 人一组,根据不同商品进行一对一客户咨询角色模拟,并轮流互换角色(完成后每个人谈谈自己的体会)。

（1）食品类：小食品、饮品、外卖食品。

（2）药品类：医疗器材、药品。

（3）家用电器类：空调器、冰箱、热水器等。

（4）洗涤、化妆品类：各种品牌均可。

（5）虚拟商品类：保险、服务等。

（6）音像制品类：磁带、光盘等。

任务4 >>>>>>>>
设置在线接待常用语

情境设计

由于小华刚开始独立接待客户，工作起来较老员工慢，有时忙得上厕所的时间都没有，生怕错过了客户的提问。小罗见了既感动又心疼，下班后，和她交流了怎样做才能在繁忙的工作中提升效率，快速回复客户的提问。

任务分解

本次任务是帮助客服做好接待咨询工作，既不感到压力大，疲于应对同样的问题，又能不忽略掉任何客户。因此，我们要学会设置在线接待常用语分解为2个活动：设置接待常用语；使用常用语(话术)。

活动1 设置接待常用语

活动背景

小华作为售前客服，想使自己的销售额不断攀升，随之而来的是在线客服接待咨询量不断增加，如何有效地提升咨询量和客户满意度呢？让我们和她一起学习如何设置在线接待常用语吧。

活动实施

第1步：设置及使用快捷短语。

充分利用千牛工作台的快捷短语功能，使我们在繁忙的时候也能够游刃有余地接待多位顾客，节约宝贵的时间，大大提高我们的工作效率。

根据自身情况将一些常见问答设置成快捷短语，比如，最近在做促销活动，此热销商品询问的人比较多而且很多问题是相同的，那么就可以把这个问题的答案设置为快捷短语，有人询问时只要轻轻一点就可以直接发过去，省事又省时，不仅能体现出认真的工作态度，还能在一定程度上体现出规范化和专业化的商家形象，如图4.8所示。

第2步：设置及使用自动回复。

当咨询量特别多或者暂时离开的时候，也可以采用自动回复的方式，技巧方面要注意如何留住客户，告知优惠信息。比如，有的网店提倡自助下单会有额外礼物，这样不需要太多咨询的客户就会直接下单购买。

图 4.8 快捷短语设置

（1）在系统设置中，单击"接待设置"→"接待"→"设置自动回复"即可设置进店自动回复、忙碌状态自动回复、离开状态自动回复等，如图 4.9、图 4.10 所示。

图 4.9 千牛工作台自动回复设置界面 1

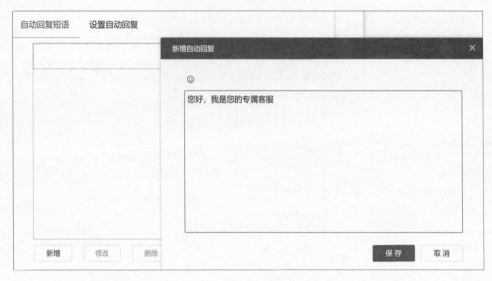

图4.10 千牛工作台自动回复设置界面2

（2）设置自动回复短语。单击"自动回复短语"→"新增"，输入短语，单击"保存"按钮即可，如图4.11所示。可以在自动回复设置的板块，选择买家第一次收到信息的自动回复和忙碌等状态下的回复。同时还可以设置在当前联系人超过多少个，回复不过来的时候再自动回复，如图4.12所示。

拓展阅读——
机器人训练师

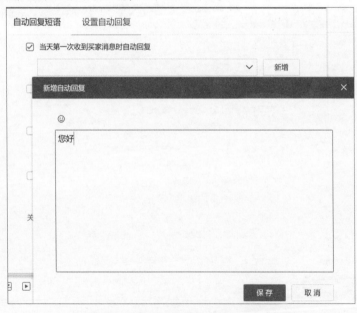

图4.11 千牛工作台自动回复设置界面3

第3步：设置及使用旺旺表情。

在线沟通看不到表情，听不到声音，因此应该选择合适的、有正面积极意义的旺旺表情来为我们的沟通增色。

所有的旺旺表情都有相应的代码，只要将鼠标在旺旺表情上停留一秒钟，该表情的代码就会显示出来，只要在快捷短语里加入相应的代码，使用时，对话框里这段代码的位置出现的就是对应的旺旺表情,如图4.13所示。

图4.12　千牛工作台自动回复设置界面4

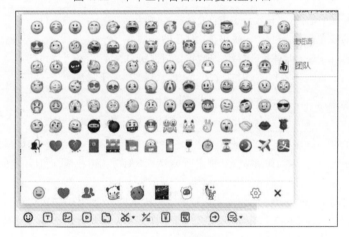

图4.13　网络表情

??想一想　设置快捷短语和自动回复的优势有哪些呢?

做一做　上网申请阿里旺旺账户,并设置快捷短语和自动回复。

活动小结

　　小华利用聊天工具设置了快捷短语和自动回复,缩短了客户的等待时间,也给了她喘气的时间,同时提高了客户满意度,增加了销售量。

活动2　使用常用语(话术)

活动背景

　　懂得了利用聊天工具设置常用语,但问题又来了,哪些是常用语呢? 小罗又向小华提出了问题,常用语有哪些呢?

活动实施

第 1 步:根据接待经验,按照不同阶段,收集常用语(话术)。

第 2 步:收集后进行整理,建常用语(话术)表,见表 4.11。

表 4.11　常用语(话术)表

序号	阶段	常用语(话术)
1	接待问候	您好！欢迎光临,很高兴为您服务！ 您好！请问有什么可以为您效劳的? 您好,请问您有什么问题需要咨询呢?我很乐意为您解答。 您好,××店欢迎您!很高兴为您服务……如果喜欢我们的产品,记得收藏我们的店铺哦!
2	引导催促	不知道您考虑什么样的问题呢?是价格方面的原因吗? 库存不多了,这是最后一件了哦,如果亲需要的话得抓紧下单呢。 忘了告诉您,我们这几天正好在促销,优惠很大的噢。 您要××型号还是××型号呢?A 款还是 B 款? 您的眼光不错,这款是目前最热销的,刚刚才有顾客买了一件。 您还有什么不了解或者不明白的地方吗?
3	商品咨询	感谢您的信任,那我就给您推荐几款吧,供您参考哦。 您的眼光真不错,我个人也很喜欢您选的这款。 请告诉我您的具体尺寸,或者您也可以根据我们的尺码表进行对照挑选。 亲的身高体重多少?平时穿什么尺码?帮亲参考下噢!
4	安抚顾客	抱歉让亲久等了,现在咨询量很大,回复比较慢,谢谢亲的耐心等待。 现在有多位顾客咨询,我正逐一解答,并非有意怠慢,请亲理解哦。
5	讨价还价	我们都知道好货不便宜,便宜没好货,其实如果我们换一个角度来看,最好的产品往往也是最便宜的,因为您第一次就把东西买对了不用再花冤枉钱,而且用得时间久,带给您的价值也高,您说是吗? 非常感谢您的惠顾,不过,网上店铺的各项成本也不低,对于初次交易我们确实都是这个价格的,以后不论是您再次购买或者是介绍朋友来购买我们都是会根据不同金额给予优惠的。 这个价格已经是我们的最低价了,实在没办法呢亲,请您多多理解。麻烦您考虑下哦,需要的话请联系我或直接拍下,谢谢! 价格是应该考虑,但我们认为价值也同样重要呢,价格和价值是成正比的哦,因此,我们宁可一时为价格解释,也不要一世为质量道歉。 我非常理解,在购买产品的时候大家都很看重价格,但是在整个产品的使用过程中大家会更加在意这个产品的品质,因此,我相信您会作出正确的判断。

序号	阶段	常用语(话术)
6	促成交易	购买多款商品的话,建议您使用购物车,将商品添加到购物车后一并购买支付,只统一收取一个运费,这样您的邮费就不会重复支付啦。 亲的时间很宝贵,如果对我们的产品感兴趣的话,还请尽快拍下付款哦,我们马上就可以为您安排发货了。 这款是我们的镇店之宝哦,评价和销量都非常不错,而且这款产品的库存也不多了,喜欢的话要抓紧购买哦,不然就没货了。 这款销得很好,我们也不能保证一直有货的,需要的话还请您尽快决定哦。 亲,假设您现在购买,还可以获得××礼品。活动期间才有这样的优惠哦,亲及时决定就不会错过这么大的优惠了……否则很可惜的哦……
7	成交发货	您好,已经看到您支付成功了。我们会及时为您发货的,感谢您购买我们的商品,有需要请随时招呼我,我是×号客服××。 您好,我们会帮您跟进和催促物流派送,但物流公司的配送效率是我们无法控制的,希望您能理解。 请稍等,改好价格后我会通知您!谢谢支持! 请问,是按照下面提供的地址为您发货吗? 我会及时安排您的宝贝发出,请您在2～3天内手机处于接通状态,方便快递业务员将产品及时准确送达您的手中,谢谢合作!
8	告别	不客气,期待能再次为您服务。祝您每天好心情。 感谢您的信任,我们会尽心尽责地为您服务,祝我们合作愉快! 亲,感谢您购买我们的产品,合作愉快,欢迎下次光临。 不客气哦,为您服务很高兴,祝您购物愉快!
9	售后服务	您好,请问我们的产品或服务有什么地方让您不满意的吗? 很抱歉给您添麻烦了,由于快递公司给您带来不便,我们表示深深的歉意。我们公司实行无条件退换商品,请您放心,我们一定会给您一个满意答复。 亲,您好!有关退换货、发货及快递问题请联系我们的专业售后客服,他们会为亲处理的。如果没有及时联系您,望亲耐心等待,感谢您的支持和理解! 非常感谢您提出的宝贵建议,我会在第一时间将您的问题反馈给相关负责人,给您一个满意的答复。 假如我们的工作为您带来不便,请您原谅,希望您可以告诉我具体情况,以便我们及时改进及处理。 非常感谢您一直支持××,我们的成长更需要大家的鼓舞与指导,我们在很多地方做得不够完善,给您带来不便表示真诚的道歉。

??想一想　收集常用话术表对客服工作有哪些帮助呢?

做一做　到淘宝、京东、苏宁易购等网站上,与不同商品的卖家进行交流咨询,收集不同商品的常用语。

活动小结

不同阶段常用话术的使用，会更加快捷方便地帮助你与客户沟通，并提高在线咨询的效率，让客服在繁忙的工作之余有喘息的时间，也提升了对岗位的认可度。

合作实训

6人一组模拟实训，4人扮演顾客，2人扮演客服，模拟顾客对指定产品的各方面进行咨询。客服需要设置快捷短语和自动回复，并根据常用语(话术)准确回答，并适时给予新品推荐，完成角色轮换。

任务5 ⟫⟫⟫⟫⟫⟫⟫
处理异议

情境设计

随着小华渐渐熟悉客服工作，分配给她的客户逐渐增多，客户的异议也变得多起来，小华总是感到心里不太愉快，小罗告诉她：客服人员要理解异议的必然性，因为商品销售本来就是一个"异议—同意—异议"的循环过程，每一次交易都是一次"同意"的达成。解决异议、满足需求不仅是争取客户并同其建立良好关系的绝佳机会，而且还能创造新的销售机会。为什么客户总是爱故意刁难客服人员？如何化解客户异议从而促成交易呢？

任务分解

本次任务是帮助客服解决客户异议问题，本次任务可分解成2个活动：了解异议的类型；处理不同的异议。

活动1 了解异议的类型

活动背景

小华在上班时遇到一个客户问："你家毛巾怎么这么贵？我看超市里差不多的款式价格是你们的一半呢？"小华看了心里很不舒服，心想，"怎么这样问啊，你觉得哪儿便宜哪儿买啊，问这个问题干嘛"，于是半天不想理睬这个客户。客户非常生气，投诉到了小罗那儿，小罗找到小华，给小华耐心地解释和引导。

活动实施

帮助小华找到她不对的地方，并了解客户异议产生的原因和类型。

第1步：了解什么是客户异议。

客户异议是指客户对销售的商品、商品客服人员、商品销售方式或交易条件产生的怀疑、抱怨，并进而提出否定或反面的意见。

从客户异议产生的含义中可以看出，客户产生异议的原因是客户有需求，而我们没有及时地解决或者没有满足他(她)，因此异议并不可怕，我们应该正确地对待和有效化解异议，使其转化成销售率。

第2步:区别客户异议的几种类型。

(1)需求异议,如图4.14所示。

图4.14 需求异议

(2)财力异议,如图4.15所示。

图4.15 财力异议

(3)权力异议,如图4.16所示。

(4)价格异议,如图4.17所示。

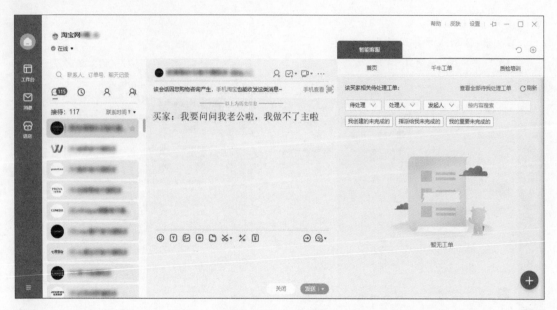

图 4.16　权力异议

图 4.17　价格异议

（5）产品异议，如图 4.18 所示。

（6）客服服务异议，如图 4.19 所示。

（7）购物流程异议，如图 4.20 所示。

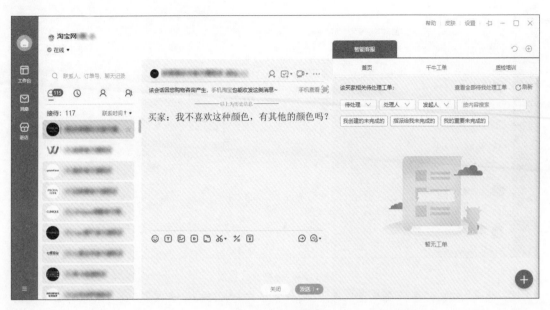

图 4.18　产品异议

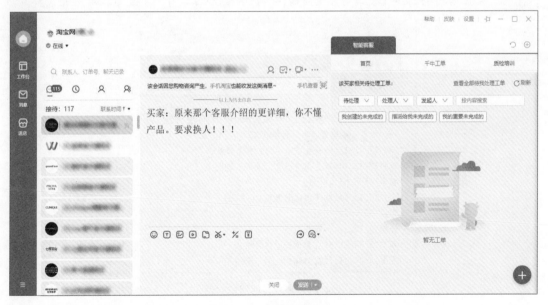

图 4.19　客服服务异议

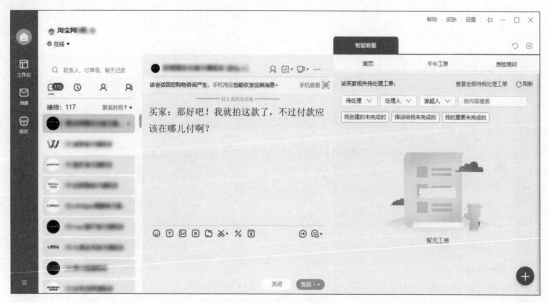

图 4.20　购物流程异议

??想一想　"买家：'这款商品我很喜欢，我打算等有打折活动时再买。'"这是属于什么类型的异议呢？

做一做　看图 4.21 中客户与客服的对话，分组讨论这位客服有哪些做得不对，应该怎样做？

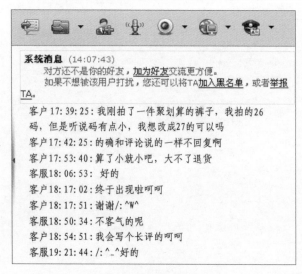

图 4.21　客户与客服的对话

活动小结

小华通过学习客户异议产生的原因和异议的类型，明白了为什么要及时处理客户所提出的异议，心里也更加接受客服这个岗位了。

活动 2　处理不同的异议

活动背景

小华在小罗的引导下,解开了心结,可是怎样才能针对不同的异议进行更好的处理呢?

活动实施

第 1 步:处理商品异议。

(1)案例(见图 4.22)

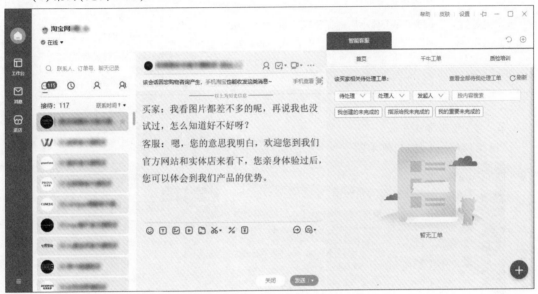

图 4.22　商品异议的处理案例

(2)应对技巧(见表 4.12)

表 4.12　商品异议应对(话术)表

常见异议	常用话术	技巧要点
你家卖的是正品吗	(1)我们是××商城开设的,工商有备案,销售产品均为厂家授权代理机构直接供应的正品,您可以放心购买的。 (2)反问:您也许是第一次到商城或第一次到我家店铺查看商品吧?我们都是经过××公司验证过的,商品您可以放心。 (3)关于品质,请放心哦,我们是厂家授权经销机构,支持 7 天无理由退换货服务,您可以看一下店铺中的购买记录评论再放心购买哦。	(1)强调是官方商城验证店铺。 (2)工商备案,公信力。 (3)提出 7 天无理由退换货服务,强调其他买家评价好。

续表

常见异议	常用话术	技巧要点
怎么辨别呢	我们店是皇冠店,已经有几万的顾客给了好评,您可以随意看一下。需要我帮您简单介绍一下吗?	(1)证据说话:我家已经有好几万的老顾客了,打消疑虑。 (2)撇开这个话题,提出问题,了解顾客需求。
支持专柜验货吗	十分支持啊,假一罚十哦!	言语亲切,便于拉近距离
验货说是假的怎么处理呢	(1)到目前,我们销售出去的几万件商品,没接收到一件假货投诉呀! (2)很多个体小店铺抓住顾客贪便宜想法,什么 A 货、外贸尾单等,货品渠道不正宗,到头来是顾客自己吃亏。 (3)我们是可以提供正规发票的,对您是有保证的。	(1)证据说话。 (2)进行对比。 (3)提供商品发票。

第 2 步:处理价格异议。

(1)案例(见图 4.23、图 4.24)。

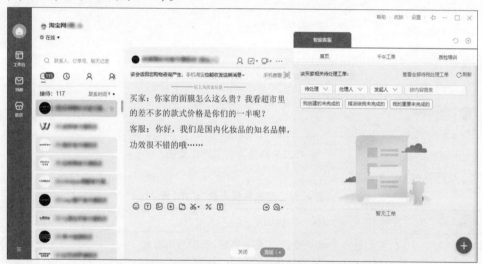

图 4.23　价格异议的处理

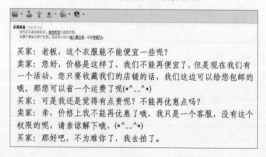

图 4.24　价格异议的处理案例

(2)处理技巧(见表4.13)。

表 4.13　价格异议应对(话术)表

常见异议	常用话术	技巧要点
价格能再少点吗? 能再打个折吗?	(1)我家的商品是正规渠道进货的,价格已经比线下低很多啦! (2)售价是公司出台规定的,我们客服是没有权利议价的,希望理解哈。	(1)话语可以随和一些,缓和气氛。 (2)告知网络购物,已经比线下专卖店便宜很多了。
有没有礼品送?	(1)直接法:不好意思,公司在节假日搞促销活动,一般才会有礼品呀! (2)提醒法:公司在节假日都会有一些促销活动,回馈新老顾客,但促销类型也很多,不一定就是送礼品的,届时您可以积极关注一下。大家彼此理解哈。	回复后提醒顾客积极关注节假日活动,有必要,可以告知顾客最近一次促销情况,提早单独告知,让顾客感觉受到礼遇。
别家都送礼品了(别家都可以再优惠),你家怎么这么死板啊?	(1)各家各有各的经,商城竞争也激烈,有的商家卖你很便宜,但是其他服务根本得不到保证,这个你可要小心啊(试探间接问,他是否会说出别家促销方式) (2)公司拟定商品价格不是随意轻易定价的,怎样的商品卖怎样的价格,公司一定有计划,合理定价的。	(1)强调打折或送礼品,其他服务是不是能跟上,作提醒。 (2)强调价格是公司行为,有其合理性。
你们不优惠我就走了。	(1)通过刚才的话语问候,感觉您还是很识货呀,这款产品在××方面,确实×××,现在对运动鞋能像您这样理解到位的,太少了,顶一下。 (2)对于其他商家的经营行为,我们是无法干涉的,许多老顾客在我们店看活动买了又买,说实在,我们公司是倡导为顾客提供价值的,而不是价格。 (3)您来到我们店铺也是种缘分呐,您放心,您买过我们商品就会体会到我们的服务的,对了,您这件商品这几天好像好多人问(买),我先帮您看下库存吧(您如果觉得款式满意,就赶紧拍下吧,这家逛,那家跑的,其实也挺累的)。	"三明治"策略 (1)先赞美顾客优点。 (2)强调公司理念"让顾客收获价值"。 (3)促成交易行动和话语提出。
下次来会不会优惠点?	(1)我们都很希望老顾客多多光临我们店看活动啊,下次碰到有活动,一般会有优惠的。 (2)多买多优惠,下次您可要多买两件呀,我家店看货品在整个运动行业,口碑还是不错的。希望您多关注呀。	礼貌用语,提醒活动有优惠,不好正面回答。

续表

常见异议	常用话术	技巧要点
能不能给包个邮?	(1)我们是全场满100元就包邮的。 (2)有的店铺是200元才免邮,我们已经为顾客考虑好多了哟。 (3)(如果顾客特别希望,或非常直接告诉没有免邮就不买了)第一种:满100元的,说可以申请一下看,但不能保证批下来,先给个心理暗示,批准下来后,顾客喜悦程度超过期望值,体验是不一样的,会更认同我们。第二种:未满100元的,建议看看其他商品,这时候作主动推荐。	(1)告知政策。 (2)灵活应对,100元以上也可以免邮。
你们价格怎么这么便宜呢?	(1)反问:是吗?您以前都是在专卖店买鞋吧。 (2)网络销售,省去了传统企业很多渠道和门店费用,商品价格一般都要比线下优惠,因此现在有越来越多的人热衷网络购物,也挺时尚的,我家商品新款多,还齐全,价格方面还很有优势,您可以从容挑选一下。	看对方深一步问题说话。

第3步:处理物流异议。

物流异议的应对话术见表4.14。

表4.14　物流异议应对(话术)表

常见异议	常用话术	技巧要点
什么时候能发?今天能发吗?	(1)亲,如果您能在××点前付款我们一般都是当天发货 (2)亲,非常抱歉,由于店铺促销,一般付款后48小时内发货(预售款按预售时间发货),发货后3~7天到,感谢您的耐心等待。	说明操作:说大家的货也这样发,他也特殊不了的。
用什么快递?什么时候能到?	(1)亲,我们默认的快递是申通/圆通/宅急送哦,亲常用的是哪个呢? (2)在正常情况下,到您××,应该是×××工作日时间吧,不过不排除快递公司那边是否有什么突发变化给拖延等。 (3)不管用什么快递,我们会让货品以最快速度,安全送到您的家门口,网购就是好啊,我也经常网购呵呵。	交代会及时安全送达。
能不能指定快递?	指定快递也不是不可以,不过从您的角度说,我们只要保证货品及时安全送达您家,就可以的。	尽量不指定,如果要,请顾客留言。

续表

常见异议	常用话术	技巧要点
换快递要加钱吗?	(1)看来您确实很关心快递公司情况,不知快递公司不同对您的影响是哪方面(可以先了解对方需求,此段可以不说)? 默认快递为申通/圆通/宅急送,其他不能到的城市转发其他快递,若转发其他快递超过运费需补相应差价。 (2)亲,顺丰的收费比其他快递要贵哦,因此要麻烦您补 10 元邮费哦。	提醒合作不多的公司,服务不好保证。
你们家发货怎么这么慢呀?	(1)不好意思,您是还没有收到货是吗?我帮您查一下什么情况,请告知我的姓名或者订单号。 (2)告知顾客情况。 (3)如果是周末单子,需特别说明:您的订单是上周五下的,但是我们的订单都是在工作日处理的,因此,会比正常单子多耽搁两天,呵呵,还请多理解,订单处理的流程还是比较多的,要点时间。	正常说明情况,顾客火气大,就多磨一下,好话多说一些,如果有什么具体要求,机动处理。
你们说发货了,但是快递单号没见着呀!	亲,不要着急,因我们发货量大,运单号一般发货当晚××:00 前没有时间输入,第二天一早才输入的,要不,我看下您的订单状态,您的姓名是。	正常服务
我的订单状态显示配送中,是不是还没有发货呀?	(1)我帮您查下,应该是发货了的,不要急啊 (2)(查看实际情况)哦,已经发货了,仓库后台还没有点击而已,您放心吧!	仓库要以实际情况操作,不能作弊。

第 4 步:处理服务态度异议。

(1)客服服务态度十忌:忌争辩、忌质问、忌命令、忌炫耀、忌直白;忌批评、忌专业、忌独白、忌冷淡、忌生硬。

(2)常用话术(见表 4.15)。

表 4.15　常用话术表

序号	阶　段	常用语(话术)
1	抱歉时	(1)亲,真的很抱歉,因为咨询的 MM 比较多,回复稍微慢了点,我会尽快回复您哦,谢谢您的谅解。 (2)亲,十分抱歉,由于我这边咨询人数过多,影响了回复速度,现帮您转接其他客服,稍后会有客服主动与您联系,请您留意下别的旺旺消息哦,感谢您的配合。
2	尾语	亲,感谢您对××的支持,××很高兴能为您服务,如果您对我们满意请收到货后给 5 分好评鼓励哦。
3	未付款的尾语	好的,亲,我们每周都会有新款上架的哦,您可以多多关注一下哈,感谢您的支持,祝您生活愉快。

续表

序号	阶 段	常用语(话术)
4	温馨提示	(1)亲,温馨提示哦,请尽快拍下付款哦,特别是库存不多的时候,淘宝是根据付款减库存的,如果其他买家先付款了,您就会因为宝贝无货而付不了哦。 (2)亲,温馨小提示:拍下订单时在卖家留言处写明发申通、圆通还是宅急送哦,拍好后第一时间通知我备注下,发货会更快哦。 (3)温馨提示:淘宝自动确认收货是需发货之后的10天后才自动确认的,预售款的订单没有发货是不会自动确认的(有货先发的订单麻烦发货之后联系客服和您延长时间,以免系统自动付款)。 (4)亲,多件衣服要用购物车一起拍下才能累计参加满就送店铺优惠券的活动,建议您重新用购物车一起拍下才能赠送足额优惠券哦。 (5)亲,感谢您的支持,我们支持7天无理由退换货,若收到货不满意请及时联系我们,一定处理到您满意为止,若满意,请记得5分好评以示鼓励哦,祝您生活愉快。 (6)亲,温馨小提示:亲有什么特别注意的,要我备注的吗? 我怕之前您跟我说的忘了,有的话还请亲提示哦,谢谢!
5	交接班	(1)亲,真是非常抱歉,由于我们要交接班可能要耽误您的时间了哦,稍后交由晚班客服为您服务,谢谢您的谅解。 (2)亲,很抱歉由于我们交接班耽误了您的时间,我会尽快回复您的哈,若还有其他问题需要咨询,您也可以一次性提供给我哦。

?? 想一想 "买家:'这款商品我很喜欢,我打算等有折扣活动时再买。'"遇到这种异议时,我们应该怎么回应客户呢?

✎ 做一做 根据下面对话框中客户提出的问题,模拟一段达到解决客户异议并促成销售的对话,并展示出来,相互评价,如图4.25所示。

拓展阅读——
用故事回应客户的异议

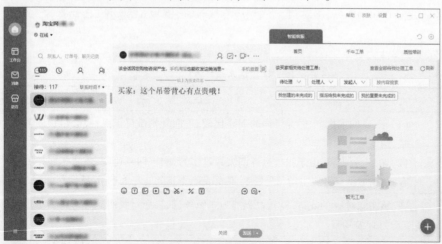

图4.25 客户异议举例

活动小结

小华了解了不同异议的处理方式和应对技巧，对于客户提出的各类异议，她都能通过分析，更好地与客户沟通、解决异议、促成交易(或二次销售)了。

合作实训

6人一组模拟实训，3人扮演顾客，3人扮演客服，完成后角色轮流互换。

(1)1人扮演犹豫不决的顾客。

(2)1人扮演要求包邮、送礼品的顾客。

(3)1人扮演质疑产品定价高于其他店铺的顾客。

(4)另外3人扮演客服。

(5)教师给出销售政策。30分钟内，顾客以各自目的向客服提出要求和质疑，客服根据所学技巧进行应答。角色扮演完后，总结客户异议有哪些常见方式，应对的话术有哪些，教师进行点评。

项目总结

通过本项目的学习，同学们了解了常见的网上促销活动，学会了如何分析网络客户特点，重点学习了客服在接待咨询中为顾客提供的服务流程规范与沟通技巧，学习了如何应对客户提出的问题，处理各类异议，促成客户达成交易。将客服人员工作中的接待咨询环节，通过任务的引入，深入浅出地让同学们自己想一想，做一做，掌握了如何接待客户，如何从容应对客户的咨询。

项目检测

1.单项选择题

(1)对哪一类型的客户，在售后服务方面要做到精细、全面，提供完美的服务，将其转化成为忠实客户？(　　)

　　A.网络参与型　　　　B.价格折扣型　　　　C.贪图方便型　　　　D.网上网下比较型

(2)哪一类型的购物者非常在意商品价格，其上网购物主要是为了寻找价格低的商品？(　　)

　　A.网络参与型　　　　B.价格折扣型　　　　C.贪图方便型　　　　D.网上网下比较型

(3)网络客服在处理价格异议过程中，不能出现的语言是(　　)。

　　A.售价是公司出台规定的，我们客服是没有权利议价的，希望理解哈

　　B.这个是我们的最低价了，您爱买不买啦

　　C.不好意思，公司一般在节假日搞促销活动才会有礼品呀

　　D.我们都很希望老顾客多多光临我们店看活动啊，碰到有活动，一般会有优惠的

(4)如果客户购买的商品被快递弄丢了而向客服提出异议，正确的处理方法是(　　)。

　　A.对不起，我不知道

　　B.这是快递公司弄丢的，你去找快递公司

　　C.你打电话先查一下什么原因，我们会协助您处理

　　D.货物已经出仓库，公司不负责

(5)节庆活动、店铺周年庆等活动属于(　　)。

　　A. 店外活动　　　　　　　B. 店内活动　　　　　C. 京东官方活动　　　D. 淘宝官方活动

2. 多项选择题

(1)电子商务客服在了解客户需求时,主动询问的语句有(　　)。

　　A. 你好吗?

　　B. 亲爱的顾客,您好!请问有什么可以帮到您?

　　C. 顾客您好!请问您需要我们的产品吗?我是客服小华,可以为您提供详细解答。

　　D. 亲爱的顾客,您需要什么样的产品?客服小华随时为您服务。

(2)如果客户在你们店购买了一部手机,如果你是客服你还会给他推荐的商品是(　　)。

　　A. 固定电话　　　　　　B. 手机屏幕贴膜　　　C. 手机保护外壳　　　D. 手机备用电池

(3)处理客户异议应遵循的原则有(　　)。

　　A. 正确对待　　　　　　　　　　　　B. 准确分析客户异议

　　C. 尊重客户异议,避免争论　　　　　D. 避开枝节

(4)客户在网上购物担心商品是假冒产品时,客服应该如何解释?(　　)

　　A. 如果怀疑就不要买

　　B. 我们是厂家授权店,确保是正品

　　C. 我们是保证正品的,接受专柜验货,假一赔十

　　D. 您可以看一下店铺中的购买记录评论再放心购买哦

(5)网上购物的常用的支付方式有(　　)。

　　A. 当面付款　　　　　　B. 汇款　　　　　　　C. 货到付款　　　　　D. 网上支付

3. 判断题

(1)懂道理,也讲道理,对公正的处理和合理的解释可以接受的客户是分析型客户。

　　　　　　　　　　　　　　　　　　　　　　　　　　　　　　　　　　(　　)

(2)关注产品的安全性能,主要考虑产品是否会带来危险的顾客具有猎奇心理。　　(　　)

(3)"本店保证提供正品,假一赔十"的回复话术主要是应对顾客的疑虑心理。　　(　　)

(4)当咨询量特别多或者暂时离开的时候,可以使用快捷回复协助客服回复。　　(　　)

(5)"不客气,期待能再次为您服务。祝您每天好心情。"是接待问候阶段的常用语。

　　　　　　　　　　　　　　　　　　　　　　　　　　　　　　　　　　(　　)

4. 简述题

1. 简述在线接待流程重要性。

2. 简述在线客户购物心理有哪几种类型,分别应怎样应对。

5. 实训题

以"生活超市'618'活动:全场家居用品满减再送赠品"为例,进行在线接待客户系列实训活动:

活动产品:生活超市全场家居用品

活动内容:全场满99元减10元,满198减20元,依次累加。

实训题目:

(1)根据活动内容,设置此次活动的自动回复问好语、致歉语。

（2）模拟满减活动开始，分析客户在活动期间购物的心理，模拟表 4.6 中 7 种客户购物心理提问、设计应对话术。

（3）请根据以下提供的商品信息，制作该商品 FAQ：

品名：NOME/诺米香水网红同款持久淡香香水凌晨四点香体喷雾男女清新自然净味留香 75 mL 凌晨 4 点

价格：￥29.90 元

规格款式：75 mL

商品描述：小红书爆款，抖音万人点赞，门店断货王，花果香调，持久淡香，适合日常、职场、聚会、运动、约会、旅行、送礼、户外等多种场合的香体喷雾。

评分标准：

题　号	一（每小题 4 分，共 20 分）	二（每小题 4 分，共 20 分）	三（每小题 2 分，共 10 分）	四（每小题 15 分，共 30 分）	五（共 20 分）
得分					
我的总分					
我的称号				总分 0~60 分	菜鸟客服
				总分 61~80 分	银牌客服
				总分 81~100 分	金牌客服

项目 5
订单处理

【项目综述】

接待客户的后期，如果感觉客户愿意购买，作为客服就可以适时地促成交易。这意味着客服在线服务到了订单处理的阶段。在这个阶段，客服除了需要有技巧地促成交易以外，还要懂得订单备注、修改收货地址等操作。面向客户要做到有头有尾，跟客户进行订单确认，协助客户完成网上支付，最后还要友好告别。

每年的"双十一"，生活超市都要进行大型促销活动。根据去年"双十一"当天的数据，日访问量可能达到了 8 000 IP，甚至更多。当天销售订单达到了上万件，销售额达到 2 000 000多元，客服部当天要处理海量的订单。

今年"双十一"时，小华正在售前客服组轮岗实习。当时售前客服组的李组长要求小华必须在"双十一"之前熟练掌握订单处理阶段的所有后台操作，以及面向客户的所有技巧。小华接到任务后，必须在一个星期时间内学会以下技能：如何促成交易，处理订单，编写告别信息等。

【项目目标】

通过本项目的学习，应达到的具体目标如下：

知识目标

◇ 熟悉订单处理流程。

◇ 学习促成交易以及核实告别的应对技巧。

◇ 了解关联推荐、催付、核实订单的概念及作用。

能力目标

◇ 熟练操作电子商务平台的订单处理模块。

◇ 能设计关于适时提醒下单、关联推荐商品、催付、核实告别等情况下的客服话术。

素质目标

◇培养热情、真诚、礼貌待客的工作态度。

◇培养工作严谨细致、有始有终的"工匠精神"。

【项目思维导图】

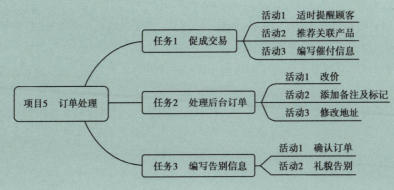

任务 1 》》》》》
促成交易

情境设计

小华跟着李组长学习促成交易的技巧,李组长决定通过实例教学的方式,向小华亲身示范如何促成交易。

其中,有一位新顾客咨询购买某商品,第一次购买显得比较谨慎。该顾客已经就某个商品咨询了 3 个问题,对客服的最后一个回答回复了"好"之后陷入了沉默。李组长借此机会问小华:这时候,你应该怎么做呢?小华想了想:我会提醒她,如果喜欢的话就拍下,不然她可能因为犹豫就不购买了。李组长赞同地点点头。

任务分解

促成交易阶段非常重要,金牌客服往往就是在这个阶段把握住了顾客心理,让顾客坚定了购买的信心,从而提高了转化率,尽可能使咨询的顾客下订单。

促成交易的任务可以分解为 3 个活动:适时提醒顾客;推荐关联产品;编写催付信息。

活动 1 适时提醒顾客

活动背景

客服常常会遇到顾客咨询了若干问题后就没有"动静"了,也没有继续问,也没有下单。此时若适时提醒客户,往往能挽回一名即将流失的客户,从而提高客服的转化率。那么客服应该怎么提醒客户呢?

活动实施

第 1 步:掌握顾客心理。

新顾客第一次到店购买,有点犹豫,不知道这个是不是最好最便宜的了,还想货比三家再决定购买;经过对比,某产品比较符合要求,且性价比较高,但还是犹豫不决,生怕买贵了。这是新顾客的基本网购心理。

面对这样的心理特点,新顾客往往需要别人的一点鼓励才会决定是否购买,那么客服就要充当这样的角色。顾客在几个同类的产品面前,不知道购买哪个的时候,哪个产品的客服热情一点就能为其产品加分,让顾客更倾向于购买该产品。在竞争激烈的市场上,客户服务变得越来越重要,多一点服务意识,多一点热情,都可能为店铺赢来更多的订单。因此,在回答完顾客对商品的疑问后,客服需要及时引导顾客拍下商品并付款,促成交易。全国劳模张秉贵说:"我们售货员要胸中有一团火,温暖顾客的心,树立完全、彻底为人民服务的思想。"这句话对于我们网络客服来说仍然适用。通过友好表情包、及时回复等,都能体现客服服务客户的热情,以及良好的服务态度。也体现了网络客服良好的职业素养。

第 2 步:参照示范撰写提醒语。

新顾客已经就某个商品咨询了 3 个问题,对客服的最后一个回答回复了"好"之后陷入了沉默。李组长给出了以下示范:

> 例 1:客服:亲,喜欢就可以拍下宝贝哦。我们将在您付款后第一时间为您发货,并提供七天无理由退换货服务。我们产品的质量绝对有保证,任何问题都可以联系我,我将竭诚为您服务。亲,别再犹豫了。

> 例 2:亲,您选中的商品正在参与活动,价格真的非常实惠,活动今天就结束了,如需购买,请尽早下单哦。

从示范中可见,在顾客问了一些关于商品的问题后,有了 2 分钟的沉默,那么客服就可以善意地提醒顾客下单,让顾客不再犹豫拍下商品。

□ 知识窗

> 适时提醒语的内容主要有质量保证、服务承诺(如物流服务、售后服务等)、价格优惠等。

做一做　请你协助小华,再写 2 条适时提醒语。

拓展阅读　如何通过聊天界面向顾客传达客服的"热情"? 可以扫描二维码,阅读拓展知识。

活动小结

小华觉得李组长真高明,一句话正中顾客心理,让顾客更倾向我们的产品。因此,对顾客的咨询及时回答的同时,要抓住顾客心理,适时给出优惠或质量保证,留住顾客,促成交易。

如何向顾客
传达我们的
"热情"

活动 2　推荐关联产品

活动背景

　　小华在适时提醒顾客下单后,顾客回复:我主要是想找《××考试试题集》。小华一看,高兴得不得了,本店的相关商品很多呀,我来推荐推荐。但是打开了商品列表,却又不知道推荐哪款好? 全部推荐过去,顾客肯定眼花缭乱。这由喜转忧,心情跌宕起伏之际,李组长来指点迷津了。

活动实施

　　第 1 步:查看"足迹"以及客户聊天记录。

　　顾客给了小华一个推荐关联产品的好机会,但是小华不知道该按照什么原则进行推荐。李组长看了一下聊天记录以及客户"足迹"(图 5.1),指着某个商品说:你推荐这个准没错。

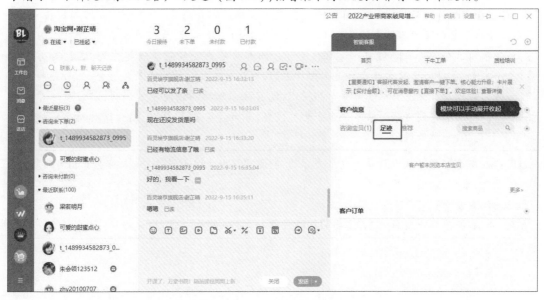

图 5.1　查看客户"足迹"

□ 知识窗

　　关联推荐是指为顾客推荐与顾客挑选商品相关联的商品。商品的关联关系包括互补关联、替代关联及潜在关联。一般来说,配套使用的商品之间存在互补关联关系,如灯具与灯泡就是互补关联商品;同类商品之间存在替代关联关系,如长裙和短裙;潜在关联往往更微妙,比如著名的尿布和啤酒就是存在潜在关联。在电子商务购物平台中,爆款和新款也往往存在潜在关联。

✎ 做一做　请查找互补关联、替代关联和潜在关联的定义,并根据定义分别举一个产品例子。

　　网络客服需要尽快根据顾客的需求推荐相应的产品,关联推荐分为推荐同类商品、推荐配套商品、推荐促销商品。

第2步:根据不同需求进行关联推荐

关联推荐主要有以下三种类型:

1. 推荐同类商品

当顾客主动询问是否有同类商品时,客服就可以根据顾客的要求向其推荐同类商品。如果顾客没有主动询问,一般客服不推荐同类商品,以免造成冲突,使顾客产生不信任的心理。

> 客户:这件T恤是宽松型的吗?
>
> 客服:亲,这款T恤带有弹性,比较修身,属于紧身型的。
>
> 客户:我想买宽松型的T恤,有推荐吗?
>
> 客服:有的,您看看这款
>
> http://……

2. 推荐配套商品

在销售有配套商品的宝贝时,客服一定要向顾客推荐配套商品。一方面可以增加销售量,另一方面可以避免顾客因为没有配套商品而产生不愉快的购物体验,最终导致差评。如顾客购买台灯,就向顾客推荐购买配套灯泡。一方面,大部分顾客为省事会倾向于一起购买,这就提高了销量;另一方面,也提醒了顾客此台灯是不含灯泡的,以免一些粗心的顾客产生误会,从而影响店铺评价。网购的顾客可能没有认真看完商品描述,没有注意到商品描述中的说明,以为台灯肯定是配备灯泡的,结果收到货物时第一反应会盲目愤怒,甚至直接差评。因此,对于这种商品应该适时推荐配套商品,一举两得。

> 客服:亲,您看好的这款台灯是不包括光源的,它需要搭配E14灯泡1个。本店也有相同品牌的灯泡销售,亲,您看需要吗?
>
> 客户:好,我看看。
>
> 客服:亲,我给您发个链接吧,有需要的话就可以和灯饰一起拍下了。http://……

3. 推荐促销商品

对于没有必要配套商品的宝贝,客服可以选择性地向客户推荐促销商品。在愉快的聊天气氛中,可以给顾客促销信息,挖掘顾客的潜在需求。

> 客服:亲,店铺今天活动满200减20,您选中的美衣只要再加30元就可以满减了。这边给您推荐几件可以搭配的下装,您看可以吗?
>
> 客户:好啊,可以看看短裤吧,不要裙子。
>
> 客服:好的。推荐您搭配这条裤子,价格也合适。http://……

▢ 知识窗

推荐关联产品的技巧

根据顾客的需求推荐相应的产品。在产品咨询过程中,了解顾客对商品的需求,也可以根据足迹了解顾客的需求。若顾客首先看中的是店铺里面的裙子,又问了裙子的长度后表示裙子太短了,这种情况下我们可以给顾客推荐长裙;若顾客表示对裙子满意,要下单了,在这种情况下我们可以向顾客推荐与该裙子配套的上装,而不能再推荐裙子了。

推荐配套产品可以有效提高"客单价",也可以让顾客接受推荐。

如果顾客没有主动询问,一般客服不推荐同类商品,以免造成冲突,使顾客产生不信任的心理。

客服应积累推荐成功的经验,协助运营部门做好详情页的关联推荐设置。

客单量是指平均每个客户购买货品的数量,是店铺营运的重要衡量指标。客单量计算公式是:客单量=货品销售数量/顾客总数。

客单价是指平均每个客户购买商品的金额,也即是平均交易金额。客单价的计算公式是:客单价=销售总额/顾客总数。

??想一想　客单价作为提升电商销售总额的一项重要因素,如何提高客单价呢?

活动小结

小华似乎抓到了一些金牌客服的技巧,他们之所以客单量高,部分原因是他们会向顾客推荐关联商品,根据商品的不同或者顾客要求的不同,选择推荐同类商品或者配套商品,又或者促销商品。

拓展 阅读——
全国劳模张乘
贵的故事

活动3　编写催付信息

活动背景

客户虽然下单了,但过了 10 分钟了,李组长在后台仍然没有看到该客户的付款信息。李组长告诉小华,只要客户还没有付款,我们的售前服务就还没有结束,必须要关注顾客为什么没有付款。这时,客服需要向顾客发出催付信息,并且有可能要协助顾客完成网上支付等后台操作。

活动实施

第 1 步:设计催付话术。

催付信息如果编写得太僵硬会引起顾客的反感,因此要注意催付信息的语气。催付信息可以模仿如图 5.2 所示中的客服这样写:亲爱的,您还有一笔未付款订单哦。是有什么疑问吗? 我们随时都在的哟! 有时还可以配上可爱的表情包,减少客户的反感。

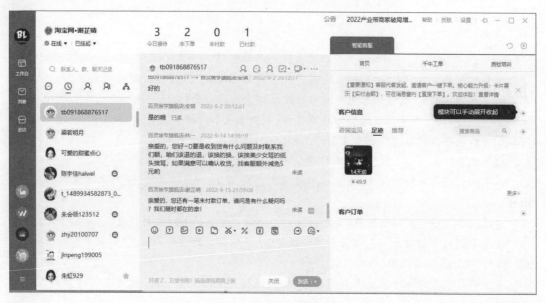

图 5.2 编写催付信息

✎ 做一做　同学们用委婉、温和的话语再编写两条催付信息。

?? 想一想　催付信息多久之后再发送会比较好呢?

第 2 步:回答关于网上支付的问题。

催付信息发送以后,要关注顾客的反馈。没有完成网上支付,部分原因可能是不熟悉网上付款的流程,或者在付款的过程中出现了问题。因此,客服要准备好协助客户完成网上支付,如图 5.3 所示。

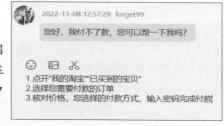

□ 知识窗

图 5.3 协助客户完成网上支付

常见的网络支付方式包括快捷支付、网上银行、信用卡付款、支付宝余额、微信钱包支付、找人代付等。

1. 顾客在 PC 端完成网上支付的操作步骤

第 1 步,单击点开"我的淘宝"→"已买到的宝贝",如图 5.4 所示。

图 5.4 网上支付步骤 1

第 2 步,选择需要付款的订单,如图 5.5 所示。

第 3 步,后台跳转至支付宝的"我的收银台",核对价格,选择付款方式,输入密码完成付款,如图 5.6 所示。

图5.5 网上支付步骤2

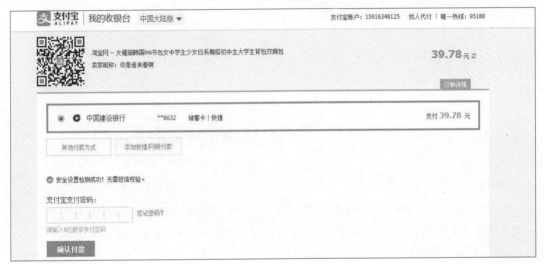

图5.6 网上支付步骤3

如此图文并茂地解释,新的淘宝客户就可以完成订单的付款了。

2.顾客在手机 App 上完成网上支付的操作步骤

图5.7 手机淘宝"待付款"页面

一般来说,电脑客户端操作和手机客户端操作有很多的不同。如果手机客户下订单后因误操作没有支付成功,有些新客户可能会不知道在哪里找到待支付的订单,甚至可能会再下单一次。在这里,我们也需要了解手机平台的操作流程,以便指导顾客进行支付。以下是手机淘宝的支付流程:

第1步,点击"我的淘宝"→"待付款",看到"等待买家付款"的订单,点击"付款",如图5.7所示。

第2步,点击"付款"后,弹出"确认付款"页面,如图5.8所示。

第3步,选择"付款方式",可修改"付款方式",如使用银行卡、花呗、信用卡等,验证指纹或者输入密码完成支付,如图5.9所示。

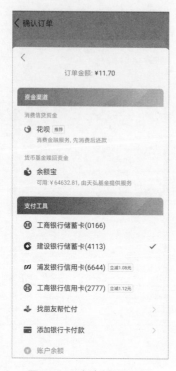

图5.8 "确认付款"页面

图5.9 "选择付款方式"页面

第4步,如果支付不成功,重新选择进入"确认付款",点击右上角小问号,如图5.10所示,可以查询所有关于手机客户端支付的问题,对照自己的问题解决,如没有绑定银行卡,或余额不足,可以选择"找朋友帮忙付"的功能。

活动小结

李组长还举了全国劳动模范李素文同志的例子:李素文当售货员时,一个顾客来买菜,指着一种菜问它的炒法。李素文回答不上来。为此,她整理出了炒菜中一些常见的问题,专门到附近一个单位的食堂,向一位有30多年烹调经验的老师傅请教。老师傅很奇怪地问她,一个售货员学这些东西有什么用处? 李素文说,自己想学这些知识,为那些不了解这方面知识的顾客提供意见。李组长说:我们除了掌握自己的业务知识,还要额外掌握一些相关知识,这样在才能更好地协助顾客解决问题。

合作实训

两人一组,一人扮演客户,一人扮演客服。根据本任务的情境,模拟新顾客准备在生活超市购买一件泳衣。客服适时提醒下单,并向顾客推荐配套商品,最后协助顾客完成网上支付。

图5.10 支付帮助页面

任务 2 》》》》》》》
处理后台订单

情境设计

在订单处理的阶段，往往伴随着几项后台处理。有些顾客会跟客服砍价，如果客服希望留住顾客，可以给予一定优惠，那该如何处理呢？ 另外，有些顾客在下订单后发现自己选错了产品款式、没有备注颜色、地址错误等，客服应该如何处理呢？ 客服在接待工作中，如果想提醒自己某些订单还需要特别关注，在后台有没有一些便利功能可以帮助客服更好地接待顾客呢？ 接下来，李组长以淘宝"千牛工作台"为例，针对以上情况对小华进行后台处理的培训。

任务分解

在订单处理阶段，一般会遇到几个问题：第一，客户会对订单总价有疑义，这时候客服就需要根据核算好的运费或者优惠后的商品价格为客户修改订单总价；第二，客户下单付款后对货物提出了可以接受的特殊定制要求，如颜色、款式等，客服需要在订单中添加备注；第三，对于有特殊要求的顾客，客服可以使用后台标注的小功能提醒自己该订单的特殊性，以便后续跟踪订单是否顺利完成；第四，有些顾客由于使用默认地址，提出需要更改收货地址等，客服可以在后台协助顾客修改地址。以上这些都是订单处理阶段需要客服在接待顾客的同时进行的后台处理活动。

本任务分解为以下 3 个活动：改价；添加备注及标注；修改地址。

活动 1　改　价

活动背景

下订单后，客户通常会看到需要交纳的运费，网络购物少不了涉及运费问题。客户往往都会咨询客服是否可以包邮。另外，有时候因为后台设置问题，客户购买多样商品，运费会自动叠加，导致运费虚高。在这种情况下，客服往往需要修改运费。

活动实施

第 1 步：登录"千牛工作台"，查找客户"未付款"的订单，并找到"改价"，如图 5.11 所示。

□ 知识窗

订单的后台处理往往需要严谨细心，因为涉及费用、个性化服务、收货地址等，如果客户提出了需求，客服在处理的时候粗心没有进行操作，很可能给企业带来负面的影响。因此，客服需要养成严谨细心的工作态度。

图5.11 "千牛工作台"中的"改价"功能

第2步:"改价"可以修改运费,也可以修改商品价格,客服人员可以根据实际情况灵活地运用,如图5.12及图5.13所示。

第3步:与买家联系确认,提醒付款。

图5.12 修改运费

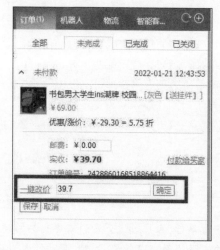

图5.13 修改商品价格

活动小结

小华掌握了改价功能之后,李组长告诉她运费以及商品价格的修改必须在公司的政策允许范围内。如果不能包邮或者砍价,客服需要婉言拒绝。

活动2 添加备注及标记

活动背景

某顾客下单后,发现还有一个商品需要配套购买,于是下了第二单。顾客提出希望放在一个包裹里邮寄。客服马上根据客户的要求进行了备注,以便物流人员能看到备注,做合并发货的操作。

活动实施

第1步：客服在"千牛工作台"中，打开客户的接待页面，可以在右方看到顾客下单信息，每个订单下面都有一栏功能键。其中，单击"备注"按钮，根据客户要求填写备注信息。备注信息应能让其他人员看懂，以方便工作交接，如图5.14所示。

图5.14　填写备注信息

✎拓展阅读　"给卖家留言"与"备注"有什么区别？请扫描二维码阅读相关内容。

给卖家"留言"与"备注"的区别

第2步：为了防止该客户的订单异常，小华觉得自己要在下班前确认该订单是否按照备注进行合并发货。因此，她使用了后台的标记功能，查询该客户的订单，在订单列表中最右边有个小旗子，如图5.15所示。点击小旗子进行标记，如图5.16所示。

□ 知识窗

　　客服无法修改客户留言，但是可以添加备注。其他后台操作人员是可以看到备注的。5个颜色的旗子是方便客服对订单情况进行分类，这个分类是根据个人喜好决定的，或者根据公司的要求来分类。

　　标记与备注不同，标记只能自己看到，不会被别人看到。

　　客服需要熟练掌握后台的各项功能，并且发挥主观能动性，总结经验，逐渐形成个性化的工作方法，提高工作效率。

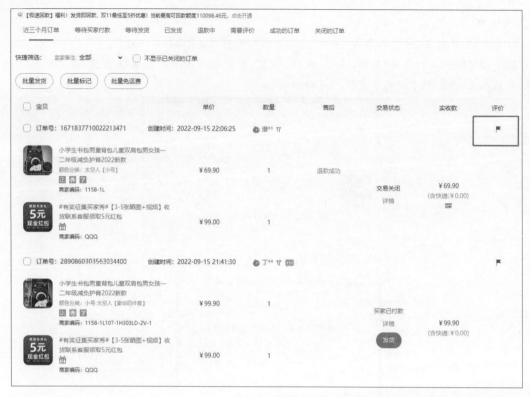

图 5.15　对订单进行标记

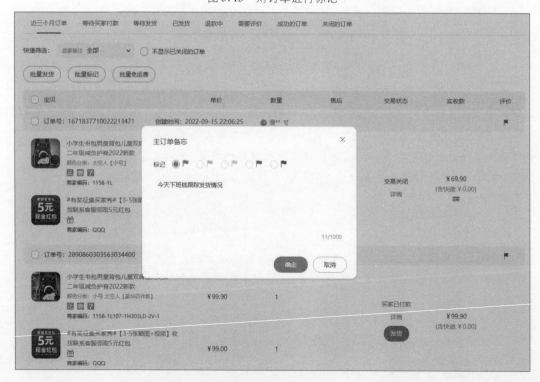

图 5.16　登记标记信息

活动小结

小华学会使用备注和标记功能后，发现做好备注和标记真的能帮客服更好地处理订单。有时候订单太多了，如果没有备注，处理过的客户还要回去一条一条查看聊天记录，很费事。而且，组长告诉小华，备注还可以帮助顺利交接工作。

活动 3 修改地址

活动背景

> 某位顾客反映自己刚才下单的时候使用了默认地址，现在想修改地址，问："怎么办？"小华说："亲，不用着急，我帮您处理一下。"

活动实施

第 1 步：明确订单的状态，一般来说，订单未发货之前才可以在后台修改地址。发货后无法修改地址。小华查询了该客户的订单，是刚刚下的订单，处于未完成阶段，可以修改地址。

第 2 步：单击客户头像，打开对话框，在右边显示的客户订单中，单击收货地址最后的笔形按钮，在弹出的对话框中按照客户提供的新地址进行修改，如图 5.17 所示。

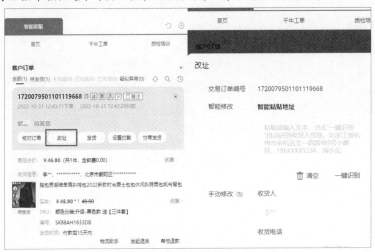

图 5.17 修改地址

活动小结

李组长还给小华说：学会了后台的操作工具，还需要积累经验，形成一套适合自己的工作方法，比如全国劳动模范黄文改就曾根据自己多年来的宝贵实践经验，总结出了全国商业行业中著名的"微笑服务五部曲"和"柜台服务五字法"。即："微笑相迎，给顾客亲切感；文明用语，给顾客温暖感；实事求是，给顾客诚实感；当好参谋，给顾客信任感；热情送别，给顾客留恋感。"的"微笑服务五部曲"和"选、配、画、算、裁"的"柜台服务五字法"。积极主动地根据不同顾客的年龄、职业、爱好、习惯、需求等特点，精心帮助"挑选、搭配、计算、画样和裁剪"，使所有的顾客高兴而来、满意而归。

合作实训

两人一组，一人扮演顾客，一人扮演客服，在用于教学的网店平台中进行订单处理模拟操作。

任务3 »»»»»»
编写告别信息

情境设计

小华终于独自售出了一单商品，心里美滋滋的。正想关掉与客户的对话框，被李组长看到了，制止了她：你必须跟客户确认订单，并且礼貌告别。李组长说，无论客户是否看到，但是你都必须与她确认收货地址以及收货人信息。因为有些客户有多个收货地址，下订单时用了一个这次本不想用的地址，自己却不知道。货物发出去之后，容易产生售后纠纷。为了防止这种事情发生，维护公司的利益，客服人员必须和客户进行订单确认。

最后，为避免虎头蛇尾，要在客户心中留下美好的印象，客服人员还应该和客户礼貌告别。

任务分解

订单处理阶段的最后一步，就是要和客户确认订单，信息确认后，与客户礼貌告别。据调查，一个不满意的客户会赶走十个潜在客户。因此，客户满意度很重要。确认订单以及礼貌告别都能有效提高客户满意度，减少不必要的纠纷。

本任务分解为两个活动：确认订单；礼貌告别。

活动1 确认订单

活动背景

"千牛工作台"与客户的对话框中显示"买家已下单"并完成了付款，小华准备关闭与该顾客的对话框，李组长阻止了她。李组长让小华跟客户确认订单信息。

活动实施

第1步：发送订单核对信息。

李组长让小华跟客户确认订单，需要确认的内容主要是客户的收货地址以及收货人信息。另外，有些买家的特殊要求也要核对。在"千牛工作台"与客户的对话框右边，可以看到该客户的订单，点击"核对订单"或"核对地址"即可向客户发送订单核对信息，加上一句"亲，请核对一下收货地址哦"，就可以完成订单的确认工作了，如图5.18所示。

第2步：根据顾客的反馈操作。

如果客户反馈地址等信息不符，客服就要根据顾客的反馈信息进行改址、备注等（具体操作参照本项目任务2）。如果客户确认信息无误，那么客服就可以礼貌告别了。

图 5.18 确认订单

活动小结

小华明白了客服需要处处为公司着想，在服务好客户的同时，尽量维护公司的利益。售前客服更应该针对可能会发生的维权纠纷做一些防范措施，比如订单确认。

活动2 礼貌告别

活动背景

与客户进行了订单确认，为了给客户留下美好的印象，客服还需要与客户进行礼貌告别。

活动实施

第 1 步：准备一些祝福语。

可以预先在快捷方式中编写一些祝福语，如"祝您生活愉快，欢迎下次光临"等。

第 2 步：根据店铺要求，编写促销型告别语。

编写告别语可以包括提醒顾客查收货物以及一些祝福语等内容，有时也可以发送一些促销信息，如图 5.19 所示。

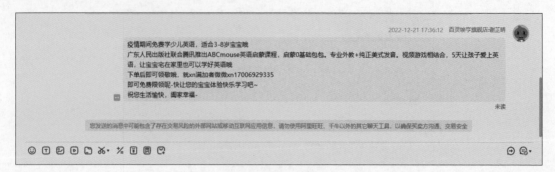

2022-12-21 17:36:12 百灵埃字旗舰店:谢正晴

疫情期间免费学少儿英语，适合3-8岁宝宝哦
广东人民出版社联合腾讯推出ABCmouse英语启蒙课程，启蒙0基础包包。专业外教+纯正美式发音。视频游戏相结合，5天让孩子爱上英语，让宝宝宅在家里也可以学好英语哦
下单后即可领敬哦，就xn满或者微xn17006929335
即可免费限领啦-快让您的宝宝体验快乐学习吧~

祝您生活愉快，阖家幸福-

未读

您发送的消息中可能包含了存在交易风险的外部网站或移动互联网应用信息，请勿使用阿里旺旺、千牛以外的其它聊天工具，以确保买卖双方沟通、交易安全

图 5.19　编写告别语

做一做　编写两条告别信息。

活动小结

愉快告别后，小华感觉到了一阵舒畅。她相信客户也会有这样的体验。买家和卖家达到了共赢的和谐。

合作实训

两人一组，一人扮演顾客，一人扮演客服，在阿里旺旺中模拟礼貌告别情境对话。

项目检测

1.单项选择题

(1)顾客问客服：还有其他款式吗？这时，客服应该(　　)。

　　A.发送催付信息　　　　B.礼貌告别　　　　C.推荐关联商品　　　　D.适时提醒下单

(2)销售泳衣时，关联推荐以下哪种商品最合适？(　　)

　　A.泳帽　　　　　　　　B.游泳圈　　　　　C.衬衣　　　　　　　　D.拖鞋

(3)平均每个客户购买货品的数量是(　　)。

　　A.客单量　　　　　　　B.客单价　　　　　C.单客量　　　　　　　D.均单量

(4)在淘宝后台中，顾客在哪里可以看到需要付款的订单？(　　)

　　A.购物车　　　　　　　B.已买到的宝贝　　C.收藏夹　　　　　　　D.淘宝网首页

(5)订单确认的信息一般是(　　)。

　　A.收货地址　　　　　　B.顾客 ID　　　　　C.顾客性别　　　　　　D.商品价格

2.多项选择题

(1)关联推荐可分为(　　)。

　　A.推荐同类商品　　　　B.推荐配套商品　　C.推荐促销商品　　　　D.推荐同价商品

(2)在订单处理阶段中，客服往往需要完成以下哪些后台处理？(　　)

　　A.添加备注　　　　　　B.推荐商品　　　　C.修改运费　　　　　　D.合并订单

(3)千牛工作台中，"改价"按键可以协助客服完成哪些设置？(　　)

　　A.修改备注　　　　　　B.修改商品价格　　C.修改地址　　　　　　D.修改运费

(4)常见的网络支付方式有(　　)。

　　A.快捷支付　　　　　　B.网上银行　　　　C.信用卡付款　　　　　D.银行转账

（5）客服处理订单过程中，一般有哪些后台操作？（   ）

    A.改价   B.备注   C.标注   D.修改地址

3.判断题

（1）在回答完顾客对商品的疑问后，客服需要及时引导顾客拍下商品并付款，促成交易。

                                                               （   ）

（2）商品的关联关系包括互补关联、替代关联及无关联。   （   ）

（3）台灯与灯泡的关联关系属于互补关联。   （   ）

（4）在千牛工作台中，查找客户"未付款"的订单，就能进行"改价"。 （   ）

（5）客户的"备注"信息只能由客服填写。   （   ）

4.简答题

（1）请为生活超市设计催付信息、告别信息。

（2）客服为什么必须跟下单顾客进行订单确认？

5.实训题

根据表格中的"情景"分析客服需要进行"改价""备注""标注""修改地址"中的哪一个项目，在项目旁边打"√"，然后具体描述客服在千牛工作台中的操作内容。如下例所示：

例：

情　景	Dahuangya 顾客下单后跟顾客说："我要蓝色的,别发错哦"。
处理项目	改价　　　备注√　　　标注　　　修改地址
具体操作内容	在聊天界面右边,点击"备注",填写:发蓝色。

（1）

情　景	顾客下单后和客服说想要改一下地址。
处理项目	改价　　　备注　　　标注　　　修改地址
具体操作内容	

（2）

情　景	顾客(下单未付款):可以发顺丰吗？ 客服:可以的亲,补10元差价。 顾客:可以啊,帮我发顺丰哦。
处理项目	改价　　　备注　　　标注　　　修改地址
具体操作内容	

（3）

情　景	顾客(已下单并付款):今天可以发货吗? 客服:我们5点前下的订单都可以在当天发货,您的订单我们会尽快发货的。 顾客:我在5点前下了单,记得今天一定要给我发货哦。
处理项目	改价　　备注　　标注　　修改地址
具体操作内容	

（4）

情　景	顾客:我是送人的,请不要放价格单在快递里面。 客服:好的,亲,这个可以帮你注意一下,但是如果没有做到,也请不要差评哦。虽然我们会尽量做到,但也有可能会疏忽,请谅解。 顾客:好的,可以。
处理项目	改价　　备注　　标注　　修改地址
具体操作内容	

评分

题　号	一(每小题4分,共20分)	二(每小题4分,共20分)	三(每小题2分,共10分)	四(每小题15分,共30分)	五(每小题5分,共20分)
得　分					
我的总分					
我的称号			总分0~60分	菜鸟客服	
			总分61~80分	银牌客服	
			总分81~100分	金牌客服	

项目 6
打包发货

【项目综述】

　　商品在完成网上支付后就完成了"信息流"与"资金流"的传递,接下来就需要卖家把商品交付到顾客的手中,完成"实物流"的传递。电子商务企业一般借助快递企业把商品寄送到客户手中,这就是打包发货工作。生活超市的客服部有个规定,每天下午4点必须安排部分客服人员到仓库做打包发货的工作:首先打印快递单,然后把商品包装好,贴好快递单以便快递公司上门取件。

　　要完成"打包发货"工作,网络客服首先需要认识常见的快递公司,了解快递公司的运费核算方法,能根据客户基本信息填写、打印运单,然后利用恰当的包装材料进行商品包装,发货后要能跟踪货物的运输状态。

　　小华刚开始不是很理解这项规定,客服人员为什么要做打包发货的工作呢? 后来,她在日常的客服工作中了解到参与打包发货能让她更好地回答客户关于物流的疑问,比如客户所在地区可以使用哪些快递公司,客户所购买的商品需要支付多少运费,客户的商品运到哪里了,等等。因此,这项规定就不难理解了。

【项目目标】

通过本项目的学习,应达到的具体目标如下:

知识目标

　　◇认识常见的物流、快递公司。

　　◇了解快递公司运费核算方法。

　　◇认识不同种类的包装材料。

能力目标

　　◇学会根据快递公司运费表核算运费。

　　◇能根据客户基本信息填写、打印运单。

　　◇会选择恰当的包装材料进行商品包装。

　　◇能通过网络及电话等手段跟踪货物运输状态。

素质目标

　　◇培养认真细致的工作态度。

　　◇具有团队合作的工作意识。

　　◇培养爱岗敬业的社会主义核心价值观。

　　◇培养全方位服务以及有始有终的责任心。

【项目思维导图】

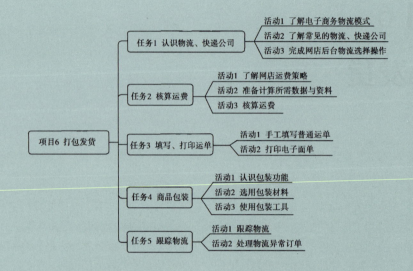

任务1 认识物流、快递公司
- 活动1 了解电子商务物流模式
- 活动2 了解常见的物流、快递公司
- 活动3 完成网店后台物流选择操作

任务2 核算运费
- 活动1 了解网店运费策略
- 活动2 准备计算所需数据与资料
- 活动3 核算运费

项目6 打包发货

任务3 填写、打印运单
- 活动1 手工填写普通运单
- 活动2 打印电子面单

任务4 商品包装
- 活动1 认识包装功能
- 活动2 选用包装材料
- 活动3 使用包装工具

任务5 跟踪物流
- 活动1 跟踪物流
- 活动2 处理物流异常订单

任务 1 »»»»»»
认识物流、快递公司

情境设计

这天下午,轮到小华参与打包发货工作。 小华按照工作流程,首先一一核对了各个订单的发货信息。 小华发现几个特殊的订单:订单1的收货地址为"四川省绵阳市三台县芦溪镇",该地址部分快递公司可能无法送达;订单2的商品是长1.5米的晾衣架,有可能超出了部分快递公司的货物规格限制;订单3的备注中列明:使用顺丰速递,邮费已补齐,因此必须要根据客户要求选择快递公司。

接下来,小华根据自己对与公司有合作关系的物流、快递公司的了解,以及查阅了各家快递公司的相关规定,一一为常规订单及特殊订单选择了快递公司。

任务分解

本次任务是根据订单的实际情况,选择物流公司或者快递公司。 要完成该任务,首先要了解电子商务物流模式。 如果所在公司使用第三方物流进行发货,则还需了解常见的物流或者快递公司的规模与经营范围,以及他们的发货规定。 然后,根据订单的发货要求,确定物流公司。最后,完成网店后台的物流选择操作。

本次任务可以分解为3个活动:了解电子商务物流模式;了解常见的物流、快递公司;完成网店后台物流选择操作。

活动1 了解电子商务物流模式

活动背景

在电子商务环境下,物流尤其是快递在技术设备以及管理方法上都获得了飞速的发展。目前,电子商务的物流模式主要分为自营物流以及第三方物流。

京东物流的
服务理念

活动实施

电子商务物流模式主要分为自营物流以及第三方物流。

第1步:上网搜索"京东物流",了解自营物流模式。

自营物流,一直以来都是京东制胜市场的法宝。为了不断强化这一优势,京东对物流的投入也始终不遗余力,并取得了显著成效。目前,京东已经拥有物流基础设施和网络,京东物流在全国运营超过800个仓库,已投入运营30座"亚洲一号"智能物流园区以及超过70座不同层级的无人仓,自营配送服务覆盖了全国99%的人口,超90%的自营订单可以在24小时内送达。(引用自百度百科"京东物流"词条)。

自营物流有着明显的优势,它能够让企业牢牢把握物流服务方面的控制权,能够结合企业的销售系统,使企业在生产、销售、配送等环节沟通顺畅,从而提高企业竞争力。但是,由于自营物流存在成本较高、专业化程度低等问题,因此不是所有企业都有必要发展自营物流,企业要根据自身的实际情况来决定是否发展自营物流。

电商企业在规模较大的情况下,可以与传统的流通渠道相结合,利用原有的物流设备与资源,开展自营物流,这样既可节约成本,也可加快建成速度。

🔲 知识窗

> **自营物流**
>
> 自营物流是指企业自行建立和经营物流系统,完成企业产品的仓储、配送、运输、流通加工、分拣、包装、搬卸装运等物流活动的方式。

✏️ 做一做　上网查一查,庞大的自营物流体系给京东商城带来了什么好处?又带来了什么困扰?

第2步:上网了解网店常用的第三方物流方式,整理成表格。

🔲 知识窗

> **第三方物流**
>
> 第三方物流是指由除了"收货人"和"发货人"之外的物流企业提供专业物流服务的物流运作方式。
>
> 第三方物流相对自营物流来说具有专业化程度较高、成本较低的优势。规模较小的电商企业一般都采用第三方物流。

电商企业常用的第三方物流有邮政、快递、物流托运3种方式(见表6.1)。

表 6.1　网店常用的第三方物流方式

方　式	定　义	特　点
中国邮政	由中国邮政集团公司提供的物流服务,其业务包括平邮、EMS、E 邮宝、国际小包等。	网点多,全国任何地方可达,丢件情况少,但速度较慢,如平邮虽价格便宜但并不提供门到门的服务。
YTO圆通速递 宅急送 ZJS EXPRESS STO申通快递 SF顺丰速运 韵达快递 天天快递 TTK EXPRESS	快递公司对客户的货物进行门对门的快速投递。	速度快,价格实惠,网店常选用,但服务质量参差不齐,纠纷投诉较多。
CNEX佳吉快运 德邦物流 天地华宇	在投递大件商品时,一般委托第三方物流企业通过汽车、铁路、轮船等交通工具运输,送达该物流企业离客户最近的经营网点,通知客户提货。	适合大件商品的运送,运费相对快递便宜,多数不提供门到门服务,需顾客自提,或再付费送货。

??想一想　根据情境设计,小华如何根据第三方物流方式的特点选择物流方式?

　　第 3 步:归纳、分析自营物流与第三方物流的优势和劣势(见表 6.2)。

表 6.2　自营物流与第三方物流优劣对比

物流模式	优　势	劣　势
自营物流	(1)牢牢控制物流活动的各个环节。 (2)保守商业机密。 (3)直接接触客户,把握顾客需求和市场动向。 (4)销售和物流一体化,沟通渠道顺畅。	(1)成本较高,硬件资源投入较大。 (2)缺乏专业化,服务质量有可能降低。 (3)不能形成规模效应,资源浪费。

续表

物流模式	优势	劣势
第三方物流	(1)专业化程度高,服务质量高。 (2)成本降低,可以充分利用资源。	(1)可能涉及商业机密。 (2)信息沟通不畅,可能增加生产、销售环节的成本。

做一做　上网查一查,我们熟悉的电子商务企业,如淘宝、京东商城、国美在线、凡客诚品等分别采取哪种物流模式?

活动小结

小华明白了电子商务企业的物流模式分为自营物流和第三方物流。有些电子商务企业达到了一定规模,选择了自营物流,如京东商城,有些电子商务企业为了降低物流成本,选择了第三方物流,如淘宝网店。

小华需要基于科学严谨的态度来进行物流模式的选择,而不是拍拍脑袋进行决策。

活动2　了解常见的物流、快递公司

活动背景

小华要为全部订单选择快递公司,不同的快递公司网点布局不同,寄送规定不同,价格不同,服务质量不同,服务内容不同。因此要了解常见的快递公司,再根据商品的要求、店铺的实际情况选择合适的快递公司。

活动实施

第1步:通过第三方物流、快递公司的官方网站,了解该公司的业务范围、经营理念、业务价格等。

登录顺丰速运的官网,在其官网中查看运费时效、服务网点、收寄范围、业务介绍等。

登录圆通速递的官网,在其官网中查看企业提供的产品与服务以及成功案例,企业的新闻等。

第2步:通过网络资料,整理常见的物流、快递公司及其特点(见表6.3)。

第3步:根据网店选择快递公司五原则及网店实际情况选择快递公司。

实际上,要通过网店选择快递公司五原则(见知识窗)筛选合适的快递公司。除了结合网上能搜索到的一切资料以外,还需要网店经过几次的试用才能完成。如下单反应速度,快递公司的不同网点可能表现得不同,所以可以通过试用来确定。

表6.3　部分常见物流、快递公司特点

快递公司名称	特点
EMS(中国邮政速递)	国有性质,网点遍布全国各城市、乡镇,服务质量在不断提高,寄送速度较快,可走国际快递。
顺丰速运	服务有保障,一般采用空运,速度很快,价格较高。

续表

快递公司名称	特　点
圆通、中通、申通快递	价格便宜,速度快,服务质量不能保证,网络在中原地区较完善。
韵达快运	服务网络较全,派送范围广,价格便宜。
德邦物流	大件商品快递,小件商品较贵,服务较好。
DHL(中外运敦豪)	国际快递,国际网络覆盖广,服务好。

▢ 知识窗

网店选择快递公司五原则

(1)优先选择电子商务平台推荐的快递公司。

(2)选择网店覆盖较广的快递公司。

(3)与多家服务质量较好的快递公司保持联系,根据不同情况选择不同的快递公司。

(4)选择下单方便、反应较快的快递公司。

(5)选择赔偿金额或倍数高而且保价率低的快递公司。

除了用以上原则来决定使用哪家快递公司外,商品的不同性质、订单不同的时效要求则是属于网店的实际情况,这些实际情况也同样影响网店的选择。

根据订单的实际情况,订单1的收货地址为"四川省绵阳市三台县芦溪镇",该地址部分快递公司可能无法送达;订单2的商品是长1.5米的晾衣架,有可能超出了部分快递公司的货物规格限制;订单3的备注中列明:使用顺丰速递,邮费已补齐。因此,小华最终决定为订单1选择EMS,订单2选择德邦物流,订单3选择顺丰速运,其他的常规订单则选择较便宜,又有长期合作关系的韵达快递。

🖊做一做　上网查一查,还有其他快递公司吗? 各有什么特点?

活动小结

在了解了常见的物流、快递公司后,结合快递选择五原则以及实际情况,可以帮助小华作出正确的选择。

活动3　完成网店后台物流选择操作

活动背景

完成了快递公司选择后,就要在网店后台进行相关操作,这样既方便客服了解订单进度,客户也能通过平台关注到商品的物流动态。

活动实施

电子商务企业的后台形形色色,不一而足,但是必然有与物流相关的操作。下面以淘宝后台为例,演示淘宝店铺后台物流选择的操作步骤。

第1步:发货。

在淘宝后台,通过路径"我的淘宝"→"我是卖家"→"已卖出的宝贝"→"发货"可以进入与物流相关的操作,如图6.1所示。

图6.1 发货

第2步:确认收货信息及交易详情。

在这一步可以看到客户购买的商品内容以及备注信息,根据货物内容和备注信息复核包裹分拣是否正确。

同时,在这一步还可以修改客户的收货地址,如图6.2所示。

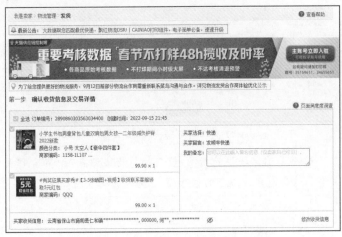

图6.2 确认收货信息及交易详情

第3步:选择物流方式。

淘宝后台有在线下单、自己联系物流、无纸化发货和无需物流4种方式可供选择。网店客服可以根据订单实际情况进行选择。

(1)在线下单。页面列出推荐的物流企业,选择后预约快递员上门。可以在快递员取货后录入运单号码,如图6.3所示。

(2)自己联系物流。如果不需要在淘宝后台在线下单,可以选择"自己联系物流",在"自己联系物流"页面中,填写该物流的快递详情单,并把相应的快递单号录入到后台系统即可,如图6.4所示。

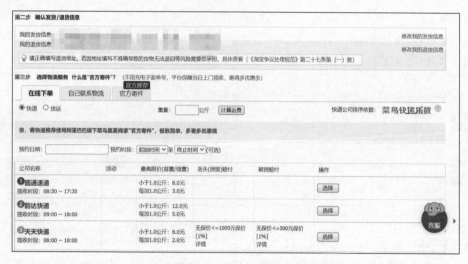

图 6.3　"在线下单"页面

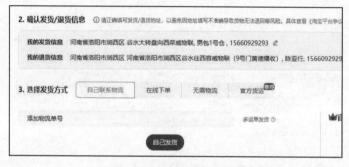

图 6.4　"自己联系物流"页面

（3）无纸化发货。这个是淘宝提供的新功能，店铺与物流站点"配置合作关系"后，无需打印快递单，把发件码书写到快递包裹上就可以发货了。发货说明如图 6.5 所示。

图 6.5　无纸化发货说明

（4）无需物流。无需物流出现的情况仅限于销售虚拟商品,如图6.6所示。

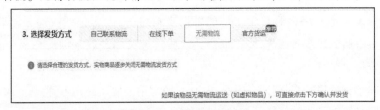

图6.6　"无需物流"页面

第4步:批量发货。

如果某些订单的收货地址一致,可以选择批量发货。小华在后台看到两个订单,其收货地址是同一个,并且备注也说明需要合并发货。所以,她通过"千牛工作台"选择要合并的订单,单击"批量发货",即可完成订单合并,如图6.7所示。

图6.7　"等待发货的订单"页面

选择"批量发货"后弹出发货页面,核对发货信息并填写运单号,如图6.8所示。

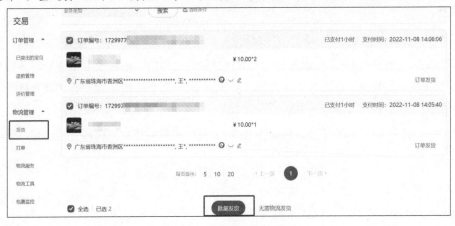

图6.8　批量发货页面

活动小结

小华一一为当天的订单进行了物流操作,把相应的快递运单号码录入到淘宝后台。至此,她完成了选择物流、快递公司的任务。

合作实训

"物流选择表"是网络客服日常工作的辅助资料之一,内容包括快递公司名称、价格区间、特点、联系电话、注意事项等,能帮助物流客服快速选择及联系物流公司。 两人一组,完成一份"物流选择表"。

（1）两位同学讨论设计表格模板,并列出10家较常用的快递公司名称。

（2）两位同学分别找5家快递公司的相关内容,完成表格。

任务2 »»»»»»
核算运费

情境设计

小华正在接待的一个客户准备下订单,但过了一会儿客户发来消息问:我要买的几样商品都不包邮,下订单时运费都加在一起了,共64元。 邮费不用那么贵吧? 小华连忙回复:亲,可以先拍下商品,这边给您修改运费的。 客户这才放下心来,下了订单。

小华从后台看到客户订单信息如下:用户xinxin123购买商品3件,毛重约2 kg,收货地区是广东省珠海市香洲区。 另外,经查询,客户购买的3件商品都可以从中山仓库一起发货。 小华要根据以上信息马上算出所需运费,并为客户修改。

任务分解

本任务是为客户核算运费。 关于运费核算,客服必须先了解网店一般采取的运费策略,例如是否包邮,哪些地区包邮/不包邮等。 如果该订单需支付邮费,则需要准备好所需的数据与资料,如商品重量、发货地、收货地、快递价格表等。 然后才能根据相应的公式或者使用工具核算出运费。

本任务分解为3个活动:了解网店运费策略;准备计费所需数据与资料;核算运费。

活动1 了解网店运费策略

活动背景

网店经常会开展"包邮"的促销活动,但由于有些地区运费较高,有些网店会标出"部分地区不包邮"的说明。不同的网店根据自己的情况会有不同的运费策略,甚至同一网店在不同时段也可能会有不同的运费政策,不同商品也可以设置不同的运费政策。运费政策不同,最终邮费会有所不同。因此,要计算运费,首先要了解网店的运费策略。

活动实施

第1步:了解"满额全国包邮"策略。

　　只要订单符合额度要求,就可以享受包邮政策。与在实体店购物相比,邮费是网上购物不可忽视的一项成本。支付邮费会使买家产生错觉,认为网上购物的成本比实体店要高,不如到实体店购买。因此,"满额包邮"成为很多网店首选的促销方式。对于"满额全国包邮"的商品,客服无需另外核算订单运费。

　　第2步:了解"有限制满额包邮"策略。

　　虽然也是满额包邮,但会有一些限制,包括地区限制、快递公司限制以及续重限制等。如图6.9所示中某网店的包邮策略:"满38元全国包邮,温馨提示:浙江、江苏、上海、北京、天津、山东、安徽、福建、江西、广东、湖南、湖北默认申通,其他偏远省份默认邮政小包(邮政时间慢1~2天),转其他快递需要另外增加运费……包邮只包首重,超重需要续费。"这一运费策略就包含了快递公司限制以及续重限制。

图6.9　某网店运费策略1

🔲 知识窗

　　首重与续重

　　国内快递货品一般以第一个1 kg为首重,每增加一个0.5 kg皆为一个续重。

　　如图6.10所示的运费策略是:"满128全场包邮,不包邮地区:港澳台、甘肃、宁夏、青海、新疆、西藏、内蒙古、吉林、辽宁、黑龙江。"这一策略则是有地区限制的满额包邮策略。

图6.10　某网店运费策略2

??想一想　"包邮"策略为什么会有地区限制和快递公司限制?

　　第3步:了解"按运费模板收费"策略。

　　网店根据快递公司的价格标准,在网店后台设置运费模板,买家购买商品会自动计算运费。但有些后台设置不完善,不能按重量设置运费,如图6.11所示的运费模板。这导致客户在购买多件商品后,运费虚增,客服需要根据货物重量修改运费。

图 6.11　淘宝后台运费模板设置页面

活动小结

　　小华在接待客户时,需要了解客户关注的商品的运费政策,以便回答客户关于运费的问题。另外,店铺在提供"有限制的包邮"服务时,小华还要关注每个订单的收货地址以及客户对快递公司是否有特别要求,如有特别要求就要马上与客户沟通,补邮费差价。

　　作为客服在与客户沟通前一定要确保自己了解当时的运费政策,不可在模棱两可的情况下随便回答。客服的每一次回答都具有法律效力,如果回答错误,可能会让店铺蒙受损失。这也就要求客服需要锻炼严谨细心的服务礼仪,具备认真负责的职业态度。

活动2　准备计费所需数据与资料

活动背景

　　在核算运费前,小华需要掌握一些数据以及快递公司的价格设置。这些数据包括计费重量、发货地、收货地,资料包括快递公司价格表。

活动实施

　　第1步:掌握运费计算术语。

　　(1)计费重量单位:快递行业一般以每0.5 kg为一个计费重量单位。

　　(2)首重与续重:国内快递货品一般以第一个1 kg为首重(或起重),而国际快递的首重一般为0.5 kg;国内、国际快递货品每增加一个0.5 kg皆为一个续重。通常首重的运费相对续重运费较高。

　　(3)实际重量与体积重量:需要运输的一批物品包括包装在内的实际总重量称为实际重量;当

需寄快递物品体积较大而实重较轻时,因运输工具(飞机、火车、船、汽车等)承载能力及能装载物品体积所限,需采取量取物品体积折算成重量的办法作为计算运费的重量,称为体积重量或材积。

(4)计费重量:按实际重量与体积重量两者的定义与国际航空货运协会规定,货物在运输过程中计收运费的重量是按整批货物的实际重量和体积重量两者之间较高的计算。

(5)包装费:一般情况下,快递公司是免费包装,提供纸箱、气泡膜等包装材料,但一些贵重、易碎物品,快递公司还是要收取一定的包装费用。包装费用一般不计入折扣。

第2步:收集整理快递公司价格表。

如果网店与快递公司合作,每个快递公司会给出到达不同地区的首重、续重收费,有些快递公司还可以给折扣。表6.4就是客服进行运费计算的依据,可以找合作的快递公司拿价格表,也可以根据自己的需要进行整理。

表6.4　快递价格表

到达地区	快递公司及价格									
	申通		中通		韵达		圆通		顺丰	
	首重 /1 kg	续重 /1 kg	首重 /1 kg	续重 /1 kg	首重 /1 kg	续重 /1 kg	首重 /1 kg	续重 /1 kg	首重 /1 kg	续重 /1 kg
北京	12	10	12	10	12	12	13	11	22	14
天津	12	10	12	10	15	12	15	12	22	14
河北	15	12	13	12	15	12	15	12	22	14
山西	15	12	15	12	16	12	14	12	22	12
内蒙古	20	20	16	16	18	15	20	15	22	18
辽宁	18	16	16	15	16	15	19	14	22	14
吉林	18	16	16	15	16	15	19	14	24	20
黑龙江	18	16	16	15	16	15	20	15	24	20

活动小结

小华第一次拿到"快递价格表"时,对表格里面的"首重""续重"等术语分不清楚。后来通过准备计费需要的资料,学会了看表,接下来就能根据公式计算运费了。

活动3　核算运费

活动背景

小华要修改运费的订单信息:用户xinxin123购买商品3件,毛重约2 kg,收货地区是广东省珠海市香洲区。另外,经查询,客户购买的3件商品都可以从中山仓库一起发货。她马上拿来"快递价格表"开始核算运费。

活动实施

运费核算有两种方法:一种是根据通用公式计算;另一种是使用网络工具查询。目前,根据"快递价格表",用公式计算的运费较为准确,而使用网络工具查询较为快捷。

1. 通用公式计算运费

第1步：写出通用公式。

$$运费＝首重运费＋(计费重量(kg)×2-2)×续重运费$$

例：5kg货品按首重12元、续重5元计算，则运费总额为：

$$12元＋(5×2-2)元×5元＝52元$$

第2步：确定计费重量。

计费重量可能是实际重量，也可能是体积重量。货物运输过程中计收运费的重量是按整批货物的实际重量和体积重量两者之间较高的计算。体积重量的计算公式如下：

$$体积重量(kg)＝最长(cm)×最宽(cm)×最高(cm)÷6\ 000$$

从体积重量的计算可以看到，如果1 kg的货物体积超过6 000 cm³则以体积重量为计费重量。

第3步：查询"快递价格表"。

根据发货地和收货地查询快递首重运价和续重运价，然后代入公式，就能计算出所需运费。

2. 网络工具查询运费

快递运费除了根据快递公司提供的"运费价格表"进行常规的计算之外，还可以通过网上快递运费查询综合平台进行查询。这些平台方便快捷，并且可对比多家快递公司的价格。快递100网就是这种综合查询平台，如图6.12所示。

图6.12 "快递100"网站首页

3. 店铺后台直接查询

以淘宝为例，其后台"物流管理"模块就能查询快递费用，在"在线下单"页面填上包裹重量，点击"计算运费"，就会出现各个快递公司的运费价格，如图6.13所示。

图6.13 店铺平台后台计算运费

活动小结

小华很快就把运费计算出来,并且通过后台为客户修改了运费。 小华还想,如果运费模板可以设置单件商品重量,按照首重、续重来设置运费,就不用客服进行运费的重新计算了。

组长说要善于运用工具帮助提高工作效率,也可以借助团队的力量,由团队分工制作运费模板,前面虽然费点时间,但是模板设置好后,就非常省时省事了。

合作实训

根据本任务的情境设计,有客户订单信息:用户 xinxin123 购买商品 3 件,毛重约 2 kg,收货地区是广东省珠海市香洲区。 另外,经查询,客户购买的 3 件商品都可以从中山仓库一起发货。要求 3 位同学一组通过多种渠道核算运费,比较得出最经济的运费方案。 分工如下:

(1)A 同学查找顺丰速运的"快递价格表",并根据订单信息计算运费。
(2)B 同学查找圆通快递的"快递价格表",并根据订单信息计算运费。
(3)C 同学通过"查快递"网站查询快递费用。
(4)比较结果,得出最经济的运费方案。

任务 3 ⟫⟫⟫⟫⟫⟫
填写、打印运单

情境设计

生活超市刚开业发货时都是手工填写快递单。 后来,发货量渐增,就购买了几台针式打印机打印快递单。 目前,大部分快递公司都推出了"电子面单"服务。 小华学会使用后觉得这种服务比用针式打印机打印快递单更加方便。 陈经理说:以后大部分商品都会采用电子面单,但你们也要熟练掌握手工书写的方法,以便应对突发事件。 小华觉得很有道理。

任务分解

小华要学会两种快递运单填写方式:手工填写快递运单和打印电子面单。 手工填写快递单需要了解快递单的填写内容;学习电子面单打印需要了解热敏打印机以及电子面单的开通流程。

本任务分解为两个并行活动:手工填写普通运单;打印电子面单。

活动1 手工填写普通运单

活动背景

dongdong84 购买了 3 件商品,毛重约 2kg,收货地址是:四川省绵阳市三台县芦溪镇××巷 123 号,电话号码是 159××××5678。小华准备使用 EMS(中国邮政速递)快递该包裹。小华拿来 EMS 的快递单,准备填写。

活动实施

快递单也就是快递详情单,用于记录快件原始收寄信息及服务约定的单据。一般材质为不干胶复写纸,填写一次可复写成一式多联,寄运快件前粘贴在所寄商品外包装显眼处。

手工填写快递单一般要求使用圆珠笔或签字笔用力填写相关信息,信息完整,字迹清晰。由于各个快递公司的快递单大同小异,下面以中国邮政国内特快专递详情单(见图6.14)为例说明快递单的填写内容。

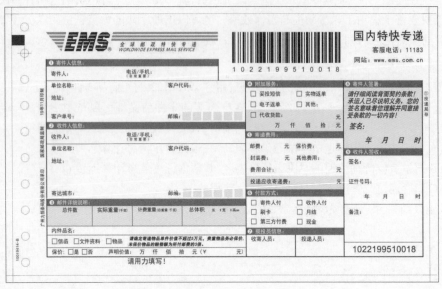

图6.14　中国邮政国内标准快递详情单

第1步:填写"寄(收)件人信息栏"。

在寄(收)件人信息栏中,需填写寄(收)件人姓名、电话号码、公司名称,地址、邮政编码等。由于快递运单相当于寄件人与快递公司签订的业务合同,因此寄(收)件人的信息一定要填写准确、清晰、详细,以便于发生意外事件时可以保障寄件人的权益。寄件人与收件人的电话号码都非常重要,万一地址有误,快递公司还能通过电话找到寄(收)件人,以便处理快件。如图6.15所示。

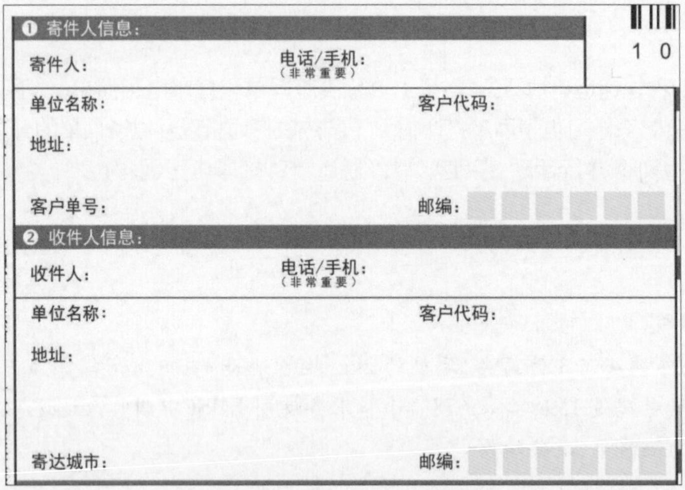

图6.15　寄(收)件人信息栏

第2步:填写"邮件详细说明栏"。

"总件数""实际重量""计费重量""总体积"等由收寄业务员填写。如果需要保价,就在"保价"栏勾选"是",并据实填写"声明价值"。"声明价值"是计算保价费用和出现邮件损毁后理赔的重要依据。如图6.16所示。

③ 邮件详细说明:			
总件数	实际重量(千克)	计费重量(总重量 千克)	总体积 长 X宽 X高cm
内件品名:			
□信函 □文件资料 □物品			请确定寄递物品单件价值不超过5万元,贵重物品务必保价,未保价物品的赔偿额为所付邮费的3倍。
保价: □是 □否	声明价值: 万 仟 佰 拾 元 (¥ 元)		

图6.16 邮件详细说明栏

??想一想 保价费用如何计算?

第3步:填写"其他项目"。

"其他项目"内容包括附加服务、寄递费用、付款方式、揽投员信息、寄件人签署、收件人签收、备注。

不同的快递公司有不同的附加服务,其中"返单"是很多快递公司都能提供的服务。"返单"是指快递公司在快件签收后把快递单签收联返回给客户的服务。有些网店业务量较大,为便于解决物流纠纷,常常会要求使用"返单"服务。目前很多快递公司在其官方网站提供签收联的电子照片,无需返单也可以查看。如图6.17所示。

④ 附加服务:		⑧ 寄件人签署:
□妥投短信 □实物返单		请仔细阅读背面契约条款!承运人已尽说明义务,您的签名意味着您理解并同意接受条款的一切内容。
□电子返单 □其他:		
□代收货款: 元		签名:
万 仟 佰 拾 元		年 月 日 时
⑤ 寄递费用:		⑨ 收件人签收:
邮费: 元 保价费: 元		签名:
封装费: 元 其他费用: 元		
费用合计: 元		证件号码:
投递应收寄递费: 元		年 月 日 时
⑥ 付款方式:		
□寄件人付 □收件人付		备注:
□刷卡 □月结		
□第三方付费 □现金		
⑦ 揽投员信息:		
收寄人员: 投递人员:		**10 00000001 X 00**

图6.17 其他项目栏

第4步:记录"快递单号"。

每张快递单都被分配有一个独一无二的编号,该编号用于查询状态及跟踪物流情况。网店客服在填写好快递单后,必须记录下相应的快递单号,便于跟踪物流。

??想一想 你能在快递单中找到快递单号吗？

第5步：根据快递单分联，粘贴好快递单。

一般快递单都是一式四联：第一联投递局存；第二联收寄局存；第三联寄件人存；第四联收件人存。网店客服人员填写好快递单后，粘贴在快件上。收寄业务员填写好相应栏目后，应取出第三联给寄件人收存。客服人员应按照规定整理并保存好快递单。

做一做 根据活动背景，动手填写一张快递单。

活动小结

小华一时糊涂，把快递单的寄件人和收件人填反了，只能重新拿一份新的快递单再填写一遍。填到付款方式时，她不知道该勾选哪个。她问了资深客服张丽，张丽告诉她生活超市与EMS有协议，可以采取月结的方式由财务结账。于是，小华勾选了"月结"。在收件人处签上名字后，终于完成了快递单的填写。

活动2 打印电子面单

活动背景

与生活超市长期合作的快递公司向网上超市推荐电子面单服务。电子面单与普通面单相比有很多优势，于是客服部经理陈芳要求小华与快递公司沟通，并试用电子面单服务。

活动实施

第1步：认识电子面单服务。

电子面单服务是指由快递公司向卖家提供的一种通过热敏纸打印输出纸质物流面单的物流服务。如图6.18所示的是中通快递的电子面单模板，与其他快递公司的电子面单规格大小相同，所填内容可能有少许差异。

第2步：了解电子面单的优缺点。

电子面单与传统的纸质面单相比，最直接的区别在于电子面单是使用热敏纸通过热敏打印机进行打印，只有上下联；而传统面单可以手工填写或使用针式打印机打印，有复写联，一式四联。因此，电子面单没有纸质底单，只有电子存根。表6.5是电子面单与传统面单相比存在的优势。

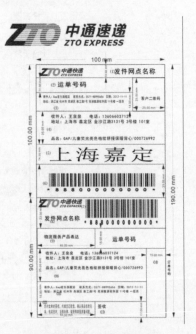

图6.18 中通快递电子面单

表6.5 电子面单的优势

对比项目	电子面单	传统面单
打印速度	每分钟30~40张,使用普通热敏纸打印机,噪声低,出错率低;不用再按快递公司分别打单。	每分钟4~6张,高速针式打印机成本较高,噪声大,出错率高,容易卡纸。
拣货效率	可以直接用打印出来的电子面单帮助拣货,备注信息等可以直接打印,不用再人工写到面单上。	要单独打印发货单,拣货后再与面单核对,人工成本高,容易出错。
快递单号处理	订单和运单号码智能匹配,如打印错误还能回收再用,避免单号浪费。	需要打印好面单后,手工录入与订单匹配,打印错误无法回收单号。
发货速度	与快递公司交接时,不用抽底单。	需要抽取纸质底单。

电子面单还是存在一些短板:一是快递公司线下的电子面单,在维权举证时不能作为有效凭证,只有使用"菜鸟"提供系统支持的电子面单才能成为有效凭证;二是由于系统自动匹配订单与运单号,还没有合并订单功能,因此多个订单不能使用同一个运单号,这就有可能增加物流费用;三是要使用电子面单,日单量最好在100单以上,否则快递公司可能不予审批通过。

第3步:准备"热敏打印机"。

电子面单多为卷式或层叠式三层热敏纸不干胶标签,最后一层撕开后可直接粘贴在货物外箱表面,所以需要使用"热敏打印机"打印电子面单。准确地说,能打印电子面单的热敏打印机一般为打印宽度为4英寸及以上的热敏标签打印机(见图6.19)。

在选购热敏标签打印机时,除了选择品牌外,还要适配常用快递公司的电子面单,包括面单大小、打印软件等参数。

图6.19 热敏标签打印机

第4步:开通使用电子面单。

电子面单的使用需要先申请,审批后方能使用。商家可以先和合作的快递网点沟通,确认该网点支持电子面单服务,并且符合其服务开通要求。电子面单的开通流程如图 6.20 所示。

图 6.20 电子面单开通流程

活动小结

小华为生活超市申请开通了电子面单服务,并测试完成,开始试用。 她试用后觉得电子面单大大提高了发货效率,非常好用。

合作实训

两人一组,分别根据本任务订单信息:dongdong84 购买了 3 件商品,毛重约 2 kg,收货地址是:四川省绵阳市三台县芦溪镇××巷 123 号,电话号码是 159 ××××5678,手工填写快递运单,然后交换检查。

任务 4 〉〉〉〉〉〉〉〉〉
商品包装

情境设计

小华到仓库帮忙发货。 仓管员李洁告诉她:发货前要根据订单货物的性质和体积选择合适的包装。 比如易碎品必须先用气泡膜、泡沫或者珍珠棉包裹,装进纸箱后还要填充饱满;少量的纺织品可以使用防潮的邮政复合袋包装;生鲜食品在包装时一定要放上冰袋。

小华看到仓库打包区还有很多不同材质的包装材料,她想知道这些材料分别都有什么功能,在给商品打包时如何选用? 李洁一一为她作了介绍,并作了打包示范。

任务分解

小华要学习如何为商品包装,李洁认为她要先认识为什么要包装,商品包装有哪些功能和注意事项;然后了解包装都有哪些材料,这些材料都适用于什么场合, 应该选择什么材料进行包装;最后学会使用打包工具为商品打包。

该任务可分解为 3 个活动:认识包装功能;选用包装材料;使用包装工具。

活动1　认识包装功能

活动背景

> 仓管员李洁问小华:商品发货前为什么要包装?有什么作用吗?小华不假思索地回答:保护商品啊,不包装起来,商品会散开或者被压坏。李洁说:只答对了一半。

活动实施

第1步:了解商品包装的功能。

(1)保护功能:保护功能是包装的最基本功能,商品包装主要使商品不受各种外力的损坏。因此,针对不同的商品,包装要做到防潮、防污、防变形、防损坏等。

(2)便利功能:便利功能是指商品的包装能使商品便于使用、携带、存放等。如把形状不易堆叠的商品包装成容易堆叠的标准方块;为包装的两边加设把手,方便搬运等。

(3)销售功能:好的包装,能直接吸引消费者的视线,让消费者产生强烈的购买欲,从而达到促销的目的。甚至在运送的过程中,引人注意的外包装也能起到广告宣传的作用,达到促销的目的。

??想一想　网店客服为发货而进行的商品包装主要体现了哪些功能?

第2步:了解网店商品包装的重要性。

在网店发货前进行的商品包装是指为了商品的运输安全,对它进行的二次包装,其体现的是包装的保护功能。有些网店在包装上加印店铺的 Logo,在商品寄送过程中也起到了一定的广告宣传作用,体现了包装的促销功能。

商品包装对于网店来说非常重要,它关乎商品能否完好无损地送到买家手中。如果包装不当而导致商品在运输过程中损坏,除了商品损失外,客户的满意度也会大打折扣。客户可能还会给店铺来个中差评,影响店铺的名誉,还真是得不偿失。因此,商品包装要得到足够的重视。

另外,网店的包装还要求合理化,在保证商品安全的基础上尽量节省包装。恰到好处的包装既节省包装材料的成本,也节省快递的费用。

活动小结

小华认识了包装的功能后,了解了李洁为什么说她只说对了一半。原来网店的商品包装除了有保护功能外,还有促销功能。至此,小华一下子对商品包装重视了起来。

活动2　选用包装材料

活动背景

> 小华看到仓库打包台边上有很多材料,她认识的有纸箱、快递袋、泡沫等,其他还有一些都叫不出名字。它们在包装中都起到什么作用呢?

活动实施

第1步:准备外包装材料。

(1)袋子:一般常用有编织袋及邮政复合袋。编织袋防污、使用成本低;邮政复合袋耐磨、防水。袋子适合装书、衣服、棉被、棉花、粮食等不怕压的东西。但如需要防潮,在编织袋里还需加一层塑料薄膜。如图 6.21 及图 6.22 所示。

图 6.21　编织袋

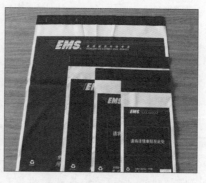

图 6.22　邮政复合袋

（2）纸箱：一般使用的纸箱是瓦楞纸箱，比较抗压。使用纸箱包装既方便又能体现店铺形象和服务质量，如图 6.23 所示。

（3）纸袋：纸袋包括牛皮纸和信封等。印刷品可以用牛皮纸包起来，一些文件、卡纸等轻薄的商品可以使用信封包装。如图 6.24 及图 6.25 所示。

第 2 步：准备填充层包装的材料。

填充包装最常用的是报纸、废纸等，这些最容易获得，并且较轻和有一定的吸湿性。另外，还有其他的填充材料。

（1）珍珠棉：玻璃品、手机、数码产品等商品经常使用

图 6.23　纸箱

珍珠棉包装，主要能起到防刮花、防潮和防震的效果。珍珠棉的厚度为 0.5 mm～6 cm 不等，薄的可以拿来包裹，厚的可以拿来切片、做模。如图 6.26 及图 6.27 所示。

图 6.24　牛皮纸

图 6.25　邮政信封

图 6.26 薄珍珠棉

图 6.27 厚珍珠棉

(2)气泡膜、气囊:气泡膜是防震、防压、防刮花的最好材料,电子数码产品、化妆品、工艺品、家电家具、玩具等用得最多。气囊多用于灌装产品的包装,包裹性好,方便打包。如图6.28及图6.29所示。

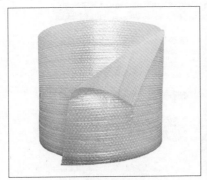

图 6.28 气泡膜

图 6.29 气囊

(3)快递专用冰袋:冰袋主要用于生鲜易腐品、生物制剂及所有需要冷藏运输的产品,在物流运输中,有一定的降温作用。有一次性和可重复使用两种。如图6.30所示。

图 6.30 快递专用冰袋

图 6.31 PE 自封袋

图 6.32 热缩短膜

第3步:准备内包装材料。

(1)PE 自封袋:PE 自封袋是最常用的内包装材料,可防潮防水、避免物品散落。一般用于邮票、明信片、小样化妆品、纽扣、螺丝、小食物、服装等商品。如图6.31所示。

(2)热缩短膜:热缩短膜就是遇热就缩短的薄膜,适用于自产食物、小玩具等商品的内包装,如图6.32所示。

第4步：准备附加包装材料。

部分注重品牌口碑的网店会在包装盒内附带一些产品说明书、售后服务卡、给客户的信、促销单张等，如图6.33所示。

图6.33　网店售后服务卡

✎做一做　选择一家网店，为它设计一份网店售后服务卡。

第5步：根据商品特性选用包装材料。

正如仓管员所说的：易碎品必须先用气泡膜、泡沫或者珍珠棉包裹，装进纸箱后还要填充饱满；少量的纺织品可以使用防潮的邮政复合袋包装；生鲜食品在包装时一定要放上冰袋。

共享快递盒

不同的商品要求使用不同的包装材料。包装人员要充分熟悉各包装材料的作用以及商品运输过程中可能需要的保护来选择包装材料。有些商品可能还需要特殊定制的包装材料才能起到保护作用。

活动小结

小华终于弄明白了各种包装材料都有什么作用，李洁告诫她：商品打包不是所有材料都要用上，要根据商品的性质和包装的要求选择包装材料。她都一一谨记在心。

活动 3 使用包装工具

活动背景

商品包装时会用到一些工具,如透明胶带封箱器、手动打包器等。这些工具的使用需要多多练习,才能熟能生巧。

活动实施

第 1 步:使用透明胶带封箱器封箱。

封箱器是一个简单的工具,虽然没有它也能封箱,但是有了它可以大大加快用透明胶带封箱的速度以及让封箱更美观。其操作过程如图 6.34 所示。有些发货量较大的网店会使用自动封箱机进行封箱,容易上手,经济快速,有些还可以一次完成上、下封箱动作。

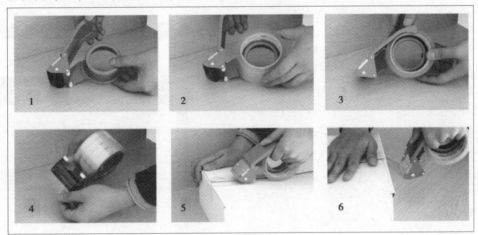

图 6.34 封箱器操作过程

第 2 步:使用手动打包器捆扎。

手动打包器主要用于各种货物的捆扎,配合使用打包带。首先把打包带缠绕货物,然后操作拉紧器收紧打包带,用咬扣器压紧打包扣完成捆扎工作。这种打包方法的目的是便于商品的搬运,如图 6.35 所示。

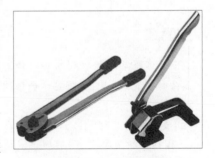

图 6.35 手动打包器

活动小结

小华刚开始使用打包工具时,笨手笨脚。她就在下班后,不影响仓库打包发货的时间到仓库练习。过了几天,仓管员李洁看她打包时非常熟练,好好地表扬了一番。

合作实训

A、B、C 3 人一组,为某商品完成商品包装(快递包装)。分工如下:

(1)A 同学选定商品,并组织小组讨论,选定商品包装所需材料及包装方式等。

(2)B 同学选择并寻找恰当的包装材料。

(3)C 同学使用相关打包工具完成包装。

任务 5 >>>>>>> 跟踪物流

情境设计

昨天小华接待的几个订单显示"已发货",小华就通过即时通信工具向这些客户发去信息:亲,您的订单已快马加鞭向你发送,亲可以通过后台随时跟踪货物的走向哦! 不久,其中一位客户回复道:我在哪里可以查询到货物到哪里了? 小华随即把物流跟踪的方法介绍给了该客户。

过了两天,有个客户通过即时通信工具反映:你告诉我,我的货物两天前已经发货,怎么今天物流信息还没有变化? 到底发货了没有? 小华马上进行了处理。

任务分解

这是关于物流跟踪的任务。 随着物流跟踪技术的发展,快递公司利用条形码、GPS、信息系统等技术实现了货物的实时跟踪。 目前,客户可以通过快递公司的官方网站或者电商平台查询快件的物流信息,掌握货物运输的动态(见图6.36)。 客服人员要清楚跟踪物流有哪些途径,在快件运送的过程中出现异常时该怎么处理。

本任务主要分为两个活动:跟踪物流;处理物流异常订单。

图 6.36 圆通快递快件查询窗口

活动 1 跟踪物流

活动背景

客服常常接收到的咨询和商品的物流有关,如"购买的货物到哪里了""购买的东西什么时候能到"等,客服要学会跟踪货物物流,以便更好地解答顾客关于物流的问题。

活动实施

国内的快递公司,一般提供网站、手机、电话、电商后台等多种查询途径,客户可以根据快递单号查询货物到达每个中转站的时间等物流信息。

第1步:通过相应快递公司官方网站进行查询。

在快件查询框中输入运单号,一个运单号对应一个快件,即可查询,如图6.36所示。

第2步:通过电商平台的后台进行查询。

部分电商平台已经与快递公司对接,可以直接在后台查询到物流信息。卖家发货时,把快递单号录入后台,买家即可通过电脑、手机实时查看物流状态,如图6.37所示。

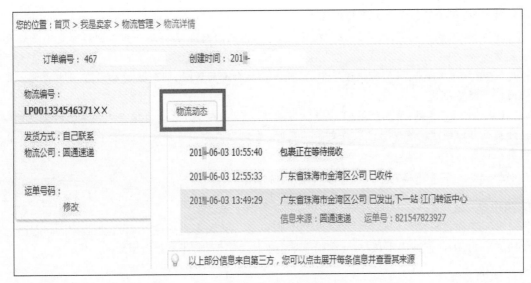

图6.37 查询订单物流详情

??想一想 淘宝后台如何跟踪物流呢?

活动小结

客户现在可以方便地进行物流跟踪,从而减少了客服的咨询量,也可以及时发现物流异常,提前做好应对措施,这是对网店特别重要的一项服务。

活动2 处理物流异常订单

活动背景

有客户通过即时通信工具反映:我的货物两天前已经发货,怎么今天物流信息还没有变化? 到底发货了没有? 小华马上进行了处理。

活动实施

第1步:了解物流异常的原因。

物流异常订单一般可分为3种类型。

1. 顾客无法查询物流

顾客无法查询物流时会对店铺是否虚假发货产生怀疑,继而产生抱怨情绪。客服应立即作出反应,登录快递公司网站为顾客查询,或者核对单号是否录入正确。重发单号给客户的同时,最好直接截取物流进度的图片给客户,以尽快安抚客户情绪。

2. 物流太慢

客服应协助顾客查找快件滞留的原因,可主动电话联系快递公司,如无异常则安慰顾客,让其耐心等待。后续还应继续关注,主动给客户提供物流跟踪信息。

3. 快件异常

当查单查件时,发现快件出现异常,如发货地址错误、非本人签收等,则应尽快处理,查明原因,尽快处理。如果无法查明原因,可考虑尽快给顾客再发件。

第2步:耐心解答客户关于物流的抱怨。

顾客:查查我的订单,我看你们是发货了,但是物流动态那里怎么一直不更新? 是不是还没有发货?

(错误回复)客服:我们有快递单号的,可能是后台有问题吧,你到快递公司官网去查啊。其他网站可能不对的。

(正确回复)客服:请您稍等,我马上为您查查。(2分钟内)这边为您查到快递已经到达××,预计明天可以送达。有时后台数据更新不及时,要到快递公司官网查询才能看到。给您造成麻烦实在抱歉。

✎ 做一做　如果你接到了以上顾客的询问,你准备如何回答呢?

活动小结

客服工作很讲究反应迅速,如果不及时处理,会导致顾客不满意。 但是处理物流问题还涉及快递公司,因此往往力不从心。 客服应学会安抚客户情绪,才能避免纠纷的发生。

合作实训

两人一组,按照任务1完成的"物流选择表"中的快递公司名单,每人查找5个快递公司的快件查询入口,把相应网址记录在"物流选择表"中,进一步完善该表。

项目总结

通过本项目的学习,了解了常见的物流公司、快递公司的运费核算方法和不同的包装材料,学会了核算运费、填写运单、包装商品以及进行物流跟踪。 在一些小型的电子商务企业中,客服人员必须承担打包发货的工作。 而随着企业的发展壮大,分工越来越细致,这部分工作有可能被分离出来。 但是,熟悉打包发货工作有助于客服应对客户关于物流方面问题的咨询,往往这些问题需要参与了打包发货工作的客服才能很好地回答。 因此,无论企业岗位分工如何,网络客服仍然需要具备打包发货的知识。

项目检测

1. 单项选择题

(1)当需寄递物品体积较大而实重较轻时,因运输工具(飞机、火车、船、汽车等)承载能力及能装载物品体积所限,需采取量取物品体积折算成重量的办法作为计算运费的重量,称为(　　)。

　　A. 体积重量　　　B. 实际重量　　　　C. 计费重量　　　　D. 材积重量

(2)采取自营物流模式的电商平台是(　　)

　　A. 淘宝　　　　　B. 天猫　　　　　　C. 拼多多　　　　　D. 京东商城

(3)文件、卡纸等轻薄的商品适合使用以下哪种外包装材料? (　　)

　　A. 瓦楞纸箱　　　B. 信封　　　　　　C. 牛皮纸　　　　　D. 编织袋

(4)主要用于各种货物的捆扎,配合使用打包带,目的是便于商品搬运的包装工具是(　　)。

　　A. 封箱器　　　　B. 手动打包器　　　C. 拉紧器　　　　　D. 咬扣器

(5)在淘宝后台,通过(　　)页面可以进行与物流相关的操作。

　　A. 发货　　　　　B. 已买到的宝贝　　C. 已卖出的宝贝　　D. 在线下单

2. 多项选择题

（1）包装分为哪几个部分？（　　　）

A. 外包装　　　　B. 填充层　　　　C. 内包装　　　　D. 辅助包装

（2）电子商务的物流模式主要分为（　　　）。

A. 自营物流　　　B. 绿色物流　　　C. 回收物流　　　D. 第三方物流

（3）以下哪些是使用第三方物流的优势？（　　　）

A. 牢牢控制物流活动各个环节

B. 专业化程度高，服务质量高

C. 成本降低，可以充分利用资源

D. 直接接触客户，把握顾客需求和市场动向

（4）网店客服为发货而进行的商品包装主要体现了哪些功能？（　　　）

A. 保护功能　　　B. 便利功能　　　C. 美观功能　　　D. 销售功能

（5）商品外包装材料——袋子适合装运以下哪些商品？（　　　）

A. 书籍　　　　　B. 衣服　　　　　C. 花瓶　　　　　D. 粮食

3. 判断题

（1）速度快，价格实惠，网店常用，但服务质量参差不齐，行业监管缺位是中国邮政的特点。（　　　）

（2）淘宝后台有限时物流、在线下单、自己联系物流和无需物流 4 种物流方式可供选择。（　　　）

（3）"无需物流"出现的情况仅限于销售鲜活商品。（　　　）

（4）国内快递货品一般以第一个 1 kg 为首重，每增加一个 0.5 kg 皆为一个续重。（　　　）

（5）计费重量可能是实际重量，也可能是体积重量。（　　　）

4. 简述题

1. 如何处理物流异常订单？

2. 网店选择快递公司的原则有哪些？

表 6.6　快递运费对比表

规　格	中通规格	中　通	申　通	圆　通	EMS	顺丰（空运/陆运）
浙江江苏上海	首重	5 元	5 元	6 元	10 元	12 元
	续重	2 元	2 元	2 元	2 元	2 元
	标准	1 kg	1 kg	1 kg	1 kg	1 kg
	天数	1 天	1 天	1 天	1 天	1 天
连云港徐州宿迁	首重					16 元
	续重					6 元
	标准					1 kg
	天数					1 天

续表

规　格	中通规格	中　通	申　通	圆　通	EMS	顺丰(空运/陆运)
北京	首重	10 元	10 元	12 元	12 元	22 元/18 元
	续重	10 元	10 元	9 元	3.6 元	10 元/5 元
	标准	1 kg	1 kg	1 kg	500 g	1 kg
	天数	2~3 天	2~3 天	2~3 天	1~2.5 天	1 天/3 天
新疆	首重	20 元	15 元	25 元	20 元	24 元/18 元
	续重	20 元	12 元	18 元	15 元	20 元/10 元
	标准	1 kg	1 kg	1 kg	500 g	1 kg
	天数	3~5 天	4~5 天	4~5 天	4~6 天	2~3 天/4~5 天

5. 实训题

（说明：该表格所有快递首重皆为 1 kg，表中"标准"为续重重量）

实训 1：根据表 6.5 制作"中通快递运费模板"，样式见图 6.11。

实训 2：根据以下情景核算运费。

（1）客户在浙江，所购买商品重 900 g，适合该商品的包装箱自重 150 g，选择哪家快递公司最便宜？ 费用是多少？ 多久才能到货？

（2）某订单收货地址是连云港某街道，商品重 1 850 g，包装箱自重 150 g，应选择哪家快递公司发货？ 费用是多少？ 多久才能到货？

（3）客户在北京，通过阿里旺旺与客服联系，要求发顺丰快递。 该商品重 1 250 g，包装箱自重 150 g，当天该商品包邮，发顺丰需补差价，请问该客户应该补多少运费？

评分

题　号	一 （每小题 2 分，共 10 分）	二 （每小题 4 分，共 20 分）	三 （每小题 2 分，共 10 分）	四 （每小题 15 分，共 30 分）	五 （实训 1 为 15 分，实训 2 为 15 分，共 30 分）
得　分					
我的总分					
我的称号			总分 0~60 分		菜鸟客服
			总分 61~80 分		银牌客服
			总分 81~100 分		金牌客服

项目 7

完成售后服务

【项目综述】

售后服务是保障客户满意度的重要环节。生活超市在提供价廉物美的产品的同时，售后客服也向消费者提供完善的售后服务，并将优质的售后服务作为平台竞争的一大优势。

小华轮岗到了售后组，成了售后客服。她刚接手工作就遇到了各种各样的问题。每天在不断地跟顾客沟通过程中，小华感觉到无比困惑，该怎么解决这些问题呢？通过请教前辈和向同事学习后，小华首先明白了要处理好售后服务，需要掌握售后服务的流程，懂得售后服务的具体内涵，按照具体的工作流程来操作。另外，对售后过程中遇到的问题进行相应的归类。在顾客的评价上，不仅中、差评需要跟踪处理，好评也需要做必要的维护管理。顾客在与客服沟通的过程中，要分清楚所发生的纠纷是属于哪一类的纠纷，这些纠纷是什么样的原因造成的，处理这些纠纷需要哪些方法和操作。每天的工作处理完后还要进行相应的进度安排和跟踪，对于没有处理好的问题要做好备注，并与下一班的同事做好交接。学习和掌握了这些技能，小华在处理和化解卖家与买家的矛盾时更加有效率了。

【项目目标】

通过本项目的学习，应达到的具体目标如下：

知识目标

◇了解售后服务的工作流程。

◇掌握顾客评价的处理规范。

◇理解顾客纠纷的各种类型。

◇掌握各种纠纷的处理办法。

◇了解售后表的制作。

能力目标

◇会根据售后服务流程处理售后工作。

◇能根据评价处理规范进行顾客的评价管理。

◇会对顾客反映的问题辨别纠纷的类型。

◇能根据纠纷的处理办法处理相应的纠纷。

◇会进行工作的交接，制作售后表。

素质目标

◇培养学生认真细致的工作态度。

◇培养学生互帮互助,协调沟通,团队合作解决问题的团队精神和沟通能力。

◇培养学生处理问题的能力,树立诚信经营、合法合规的经营理念以及社会责任感和价值观。

【项目思维导图】

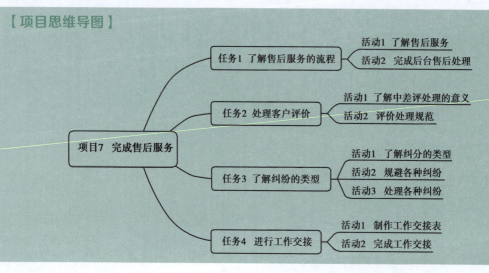

任务 1 〉〉〉〉〉〉〉〉
了解售后服务的流程

情境设计

小华开始一天的售后工作,按照工作流程,首先是跟进前一天处理的问题件,需要后续联系确认顾客签收与否,跟进快递信息(一般快递问题需持续跟进 2~3 天)显示顾客签收后,也会电话联系一下。 其次是在旺旺聊天过程中,有顾客着急发货时,会记录统计,次日跟进发货情况,及时催促店长或者仓储发货。 最后是查看后台的维权情况。

在处理问题件的过程中,小华发现有几个订单出现了问题:一是顾客 A 买到一款包要求退货退款;二是顾客 B 买到的一条打底裤有瑕疵,要求补偿;三是顾客 C 买到的一款活动产品确认收货后,投诉发货太慢了。 消费者行使维权,给网店提供了警示,商家有责任也有义务承担诚信交易的行为责任。 消费者利用法律手段维护自身合法权益,规范网店行为,促进交易秩序的稳定和和谐。 小华根据售后服务的工作流程,一一进行了解决。

任务分解

本次任务是根据售后服务的工作流程来处理售后的问题件。 要完成该任务,必须对售后服务的范围有所了解。 针对售后服务中的内容制作简单的售后服务流程图。 根据问题件中反映出来的问题进行平台操作。

本次任务可以分解为两个活动:了解售后服务;完成订单处理操作。

活动 1　了解售后服务

活动背景

　　顾客 sansan 在圣诞节买了一条牛仔裤,穿过几次后发现掉色,用盐水处理过后再穿还有掉色的现象,还把顾客的包也蹭上了颜色,顾客要求给一个说法并赔偿。对于顾客 sansan 遇到的问题,小华先熟悉售后服务的工作范围,再寻求解决的办法。

活动实施

　　售后服务包括退换货及补偿,快递超区,返修,评价,错发货,维权,订单跟踪。

运费险

　　第 1 步:了解退换货及补偿流程。

　　当快递送达时,顾客当面对照送货单核对产品,如出现产品数量缺少、产品破损等情况,可以当面拒签,退回产品,并在 24 小时内通过旺旺、客服电话等告知客服。卖家在收到退回产品后,根据用户的订单信息进行查询核实,如发现确是漏发产品,可对数量不足的部分进行退款处理,或根据订单信息实际情况给予补寄(通常为 3 个工作日)。由此产生的额外费用,均由卖家承担。如果卖家对退换货不存在过错,退换货时的费用由买家承担;包邮商品,发货运费由买卖双方分别承担。退货具体处理如图 7.1 所示,换货处理如图 7.2 所示,补偿处理如图 7.3 所示。

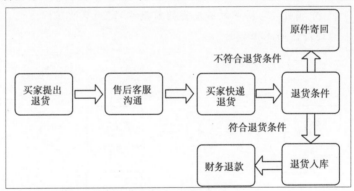

图 7.1　退货流程图

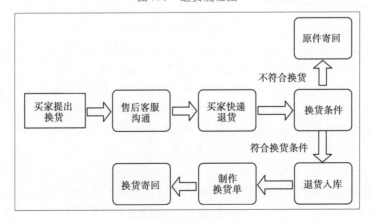

图 7.2　换货流程图

提出退换货的请求,需要跟卖家沟通,待卖家同意退换货,并提供退换货的地址,一般情况下自收到货后7天内需要寄出货物并在平台上提交申请。

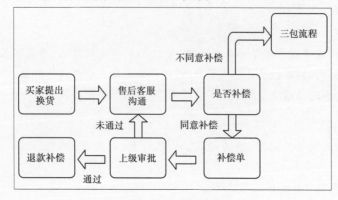

图7.3 补偿流程图

在退换货过程中,为减少退换货的问题或者提升我们的服务水平,可以增加运费险服务,保障消费者和商家的权益。

第2步:了解快递超区产生的售后问题。

在快递问题件中,包括几种情形,分别是快递超区、盲件区、网点暂停后的滞留件。

具体的快递问题件要根据相应的快递公司网点业务开展情况来分析。一般情况下,要防止快递问题件的发生,售中客服要与买家做好发货的前期沟通,确定快递网点的区域,发生超区情况进行相应协商。快递超区的流程如图7.4所示。

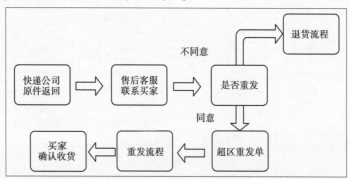

图7.4 快递超区流程图

对于超区包裹的处理机制:针对不同的快递公司制订不同的超区包裹处理预案(有些快递主动想办法完成包裹的投递,有些快递则直接将快递包裹原件返回)。

根据超区发生的比例和频率,用结算扣款、取消优先发货权等方式来制约快递公司,以提高其超区收件的发生率。依照买家收货地址和物流分配的原则(首要默认快递公司,次要默认快递公司等)来判断在具体订单中应当自动分配给哪个快递公司,为了减少人为的判断失误,很多电商平台都有物流接口或快递公司提供的开发查询接口。

第3步:了解返修问题的处理流程。

售后客服通过查找已收货订单中的买家购买信息关联生成返修单,并根据返修阶段(买家已寄出、仓库收货确认、维修中、维修期间入库、返修入库、卖家已收货等)来对返修过程进行跟踪处理。对于某些超期返修、超服务返修售后客服要通过预先制订的审批流程来征求上级领导对买家提出的返修建议,确定是否给予买家返修服务。返修流程如图7.5所示。

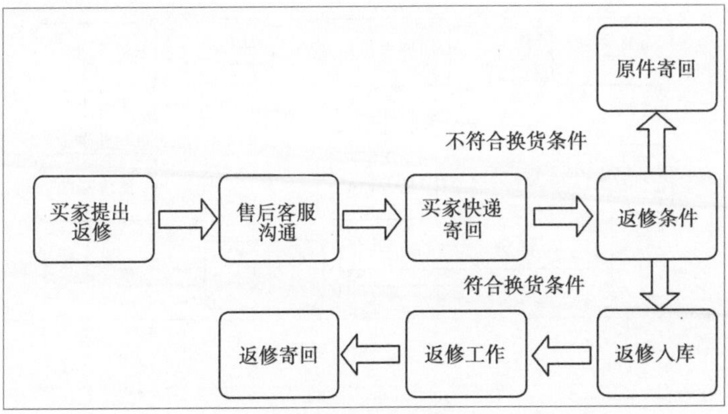

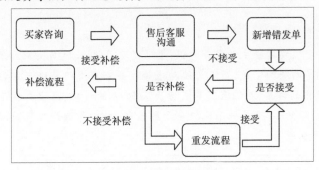

图7.5 返修流程图

购物时请卖家提供发票,可以减少返修时不必要的麻烦。

第4步:了解"错发货"问题处理流程。

在这种情况下,如果商品尚未离库,应立即组织人力,重新发货。如果商品已经提出仓库,售后客服要根据实际库存情况,与顾客和快递公司共同协商解决。一般在无经济损失的情况下按照买家的要求进行二次发货或退货处理。如果形成了直接的经济损失或者消极影响的,责任人进行记录考核,并按发货考核机制规范发货。错发货流程如图7.6所示。

图7.6 错发货流程图

第5步:了解处理客户评价的流程。

对于买家在购物之后的评价尤其是针对中差评,售后的回评专员要及时将买家的描述信息和建议反馈给各部门的负责人,查实原因并妥善处理,本着有则改之无则加勉的态度来对待买家的评价。

为了缓解买家的纠结情绪,网店经常会以实物或者现金补偿的方式来换取买家的谅解,并最终消除买家已发布的中差评的负面影响,因此,在赔付金额、具体赔付方式上,回评专员要提交上级领导进行审批,并按照审批结果妥善处理中差评。评价流程如图7.7所示。

第6步:了解维权问题的处理流程。

买家发起的维权,无论出发点如何,都能反映出卖家在管理和业务受理过程中存在的漏洞和隐患,因此,透过维权看管理上的问题才是有效解决维权的根本方法。

卖家维权专员对每日的维权记录进行新增登记与原销售订单进行关联,对卖家提出的维权理由和网店的回复、最终解释、处理意见进行跟踪记录,并在维权单完结时将责任部门、责任人、处罚考核结果等信息记录完整。维权流程如图7.8所示。

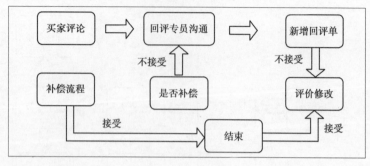

图 7.7　评价流程图

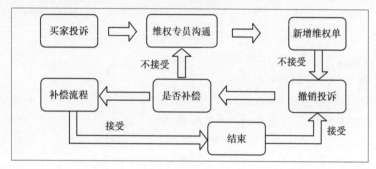

图 7.8　维权流程图

第7步:跟踪订单。

在售后服务过程中,要增强主动服务意识,主动发现问题,及时与买家沟通,更容易获得买家的谅解,确保订单交易的顺利完成,而不是被动地等待买家找上门来进行维权、索赔。重点关注"交易成功"后15天内的订单,在淘宝交易成功确认15天的订单,很少再发生维权、退款等相关纠纷。因此交易成功后的15天是一个比较重要的阶段,尤其要做好此段时间买家订单的跟踪。订单跟踪流程如图7.9所示。

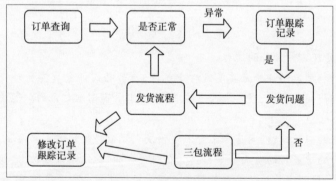

图 7.9　订单跟踪流程图

活动小结

小华了解了售后服务的范围及对应的处理流程,在处理过程中要与其他部门沟通协作,并全程专人跟踪,对于有特殊要求的买家或者纠纷还要申请上级部门的审批,主动联系买家,提高客户的满意度,维护企业的品牌和口碑。 小华首先诚恳地给顾客道歉,并核实顾客 sansan 的购买时间是否在维修期内。顾客提供购买凭证,小华与顾客 sansan 协商后给予补偿。顾客对处理结果感到满意。

小华在处理问题件的过程中能很好承担商家主体责任,为减少交易纠纷的产生,促进互联网数字经济行业的有序发展,也要求企业不断加强内部监督管理,规范有序经营。

活动 2 完成后台售后处理

活动背景

顾客 A 的包需要退款退货,小华要告知顾客 A 如何进行退货退款的处理。同时需要告知顾客 B 如何进行赔偿的申请并处理。对于顾客 C 的投诉,小华也要想办法进行维权。对于交易成功的订单要了解顾客评价,完成好评解释、中差评的处理操作。在熟悉了售后服务的工作流程后,进行平台操作。

活动实施

1. 买家退货退款操作

如买家收到商品后需要退货退款,以淘宝平台为例,操作流程如下:

第 1 步:进入"我的淘宝"→"我是买家"→"已买到的宝贝"页面,找到对应交易订单,单击"退款/退货",如图 7.10 所示。

图 7.10 单击"退款/退货"

第 2 步:如果是已经收到货,则选择申请的服务类型"退货退款""我需要退货"以及"退款原因",输入需要退款的金额,填写退款说明,上传凭证图片,输入支付宝账户支付密码,单击"立即申请退款",如图 7.11 所示。

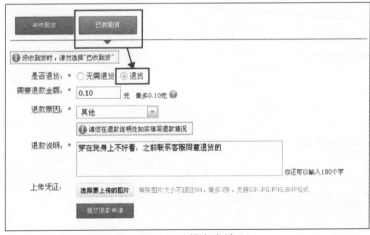

图 7.11 提交申请

第 3 步: 关注退款状态和退款超时, 待卖家同意退款协议, 此时退款状态为 "退款协议达成, 等待买家退货", 实际完成退货后, 单击 "退货给卖家"。

后续可以进入 "已买到的宝贝" 页面, 选择 "退款处理中" 查看退款的详细信息及卖家答复。

第 4 步: 卖家有 5 天的时间来同意和拒绝买家的退款申请, 若卖家同意退货协议, 页面上会出现卖家的退货地址, 买家可以根据此地址进行退货的操作。退货后, 可到退款页面 "填写退货信息"。

第 5 步: 确认信息无误后, 单击 "提交退货信息" 的按钮, 退货信息就提交成功了, 卖家后续会有 10 天的时间来进行确认, 逾期卖家没有处理, 系统也会自动退款给买家, 如图 7.12 所示。

图 7.12　退款成功

不论是作为买家还是卖家, 在退款的时候一定要及时响应整个流程, 否则造成交易超时, 退款关闭或者退款成功, 都会产生损失。

2. 卖家处理退货退款

第 1 步: 卖家查看收到的退货退款申请。收到买家的退款申请后, 卖家可以在 "我的淘宝" → "已卖出的宝贝" 或在 "交易提醒" 内处理买家的退款申请。

第 2 步: 根据实际情况, 处理退货退款。当收到退款申请, 卖家将会有 "同意退款申请" "拒绝退款申请" "发表留言及上传凭据" 以及 "要求客服介入" 的选项, 应就实际情况作出回应。如果是卖家没发货, 则卖家只需要处理退款申请。如图 7.13 至图 7.17 所示。

图 7.13　未发货申请退款

图 7.14　收到货后申请退款

图 7.15 等待买家退货

图 7.16 收货确认退款

图 7.17　退货退款成功

?? 想一想　如果收到自称是网店或者网店客服的短信、电话如何辨识真假？

一旦对方提出需要提供银行卡号、验证码等，一定要提高警惕，第一时间找官方客服核实，不点击短信中的链接，不扫对方提供的支付宝二维码等。

3. 维权处理

买家对交易不满意，可以申请同意退款后或者确认收货后对卖家进行投诉。单击"我买到的宝贝"→"投诉卖家"，填写投诉理由，提交等待卖家的处理，如图 7.18 所示。

图 7.18　确认收货投诉

第 1 步：查看被投诉订单。卖家可以在"客户服务"→"投诉管理"→"我收到的投诉"中对被投诉的订单进行处理。

第 2 步：根据实际情况进行处理。

一般情况下，对于符合事实的情况，给予一定的补偿就可以完成。如果卖家对所投诉的情况有异议，可以申请平台客服介入，进行相应的举证维权。

（1）交易退款中维权。在会员中单击"要求客服介入处理"后，通知举证方 3 天举证，卖家 24 小时预处理期，举证完成后淘宝客服 4 个工作日给出处理意见。

企业退换货
处理应对策略

（2）交易结束后申请售后。申请售后，等待卖家处理，卖家拒绝后可以申请淘宝客服介入，通知举证方 3 天内进行举证，举证完成后，淘宝将在 4 个工作日给出处理意见。如图 7.19 所示。

图 7.19　售后处理成功

4. 评价处理

第 1 步：查看评价，并挑选需要回复的评价。信用评价是会员在平台交易成功后，在评价有效期内（成交后 3~45 天），就该笔交易互相作评价的一种行为。它包括卖家给买家的评价和买家给卖家的评价。买家可以根据购买的体验对卖家服务作出综合评价，这些评价在商品详情页中为其他用户可见，其对该商品的销售有一定的影响。客服对"中差评"一般采取必须回复的策略，对于"好评"则采取挑选回复策略。单击"评价管理"→"来自买家的评价"→"回复"，就可以对评价作出相应的回复了，如图 7.20 所示。

第 2 步：认真撰写评价回复语。对于"中差评"要实事求是作出解释，对于"好评"回复，卖家可以充分利用回复做宣传广告。值得注意的是，并不是只有中评、差评的时候才需要解释。

图 7.20　买家评价回复

活动小结

在了解售后服务工作的流程后,小华联系仓储部门对退货质检和货物核对后,请求售后客服组长审批,最终决定为顾客 A 选择退货并退商品金额,顾客 B 考虑打底裤的金额不是很大,来回的运费高于商品的价格,给予顾客 8 元补偿,顾客 C 举证维权,该件商品是聚划算活动商品,允许发货时间为 7 天,该货发货时间在规定内,请求淘宝客服介入处理。

合作实训

根据售后服务的范围,9 人一组,A 组模拟买家,B 组模拟售后客服。 针对在日常交易中遇到的售后问题进行对话演练,并在平台上模拟操作。 分工可以参考以下:

(1)每组同学进行讨论,分工按照售后服务的范围分别收集交易案例,并商讨案例的处理办法。

(2)每组同学分别抽选一位同学就某个案例进行模拟实践。

(3)对该案例进行讨论并提供解决的办法。

(4)完成实训任务书。

任务 2 »»»»»»»
处理客户评价

情境设计

货物到达客户手中后,客户签收确认收货,接下来就是客户评价,小华发现不仅对客户的中差评要作好解释说明,挽回中差评产生的不好影响,解除客户疑虑,给予买家信心,而对于客户的好评,卖家也要去作解释说明,它可以起到宣传品牌和推广的作用。 于是小华对店铺中的 3个订单进行了评价管理。 订单1:买家 dingding 买的一款某品牌内衣,给予好评,并评价说"还是老牌子放心";订单2:买家 dongdong 买的一款压力锅,给予中评,并评价说"好评一直点不到,只能点中评了";订单3:买家 dangdang 买的一件 T 恤衫,给予差评,并评价说"不想说,差评"。

任务分解

本任务是对信用评价进行管理。 要做好评价管理,需要了解中差评处理的意义以及评价处理规范。

本任务分解为两个活动:了解中差评处理的意义;评价处理规范。

活动1 了解中差评处理的意义

活动背景

对于一个网店,顾客的评价是尤为重要的。 如果顾客对产品很满意,那么我们可以借助好评那一亩三分地进行点评的免费推广和宣传,如果顾客对产品不满意,或者对服务不满意,同样也会因为评价的内容影响客户的购买。 为什么要处理中差评? 处理中差评前要做什么准备工作?

活动实施

第1步:了解处理中差评的意义。

要处理中差评的原因是淘宝把好评率捆绑卖家店铺搜索排名,有中差评,好评率自然会按照评价百分比公式降低下来,而且好评率还是各个淘宝活动如天天特价、直通车等的限制条件之一。

中差评对新手新店卖家具有强大的杀伤力。评价的百分比公式基数是店铺得到的所有评价的个数,新店不会有很大的基数,因此中差评占比会很大。

最后,中差评很多带有负面情绪,对商品的后续销售造成影响,同时给出中差评难免会打出动态三项评分全低分,这同样会对店铺权重构成影响。如图7.21所示。

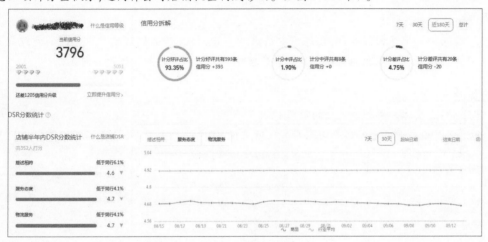

图 7.21　动态评分

第2步:做好处理中差评的准备工作。

1.给买家电话或者旺旺前的准备工作。了解中差评的内容,购买款式,当时的聊天记录,分析大致原因,是质量问题,还是客服的服务态度问题,或物流的问题。针对给出的中差评,首先要抱着积极的态度去和客户沟通。另外对自己现有的售后处理方式要了解,在后面的聊天过程中才能有效地沟通和解决。

比如顾客反映包带有问题,是质量问题。买家如实反馈了,而且主动联系了我们,但是我们没有及时回复,那这肯定是我们有多重问题。如果我们自己能在第一时间去联系好买家,买家是不是可以对我们的服务满意呢?我想答案不得而知。又比如顾客反映"还好,比我想象中的大了点",说明买家很有可能只是纠结大小而已,处理起来一般都比较简单。同时也要去查看聊天记录,跟踪物流,全方位地了解一下。

2.给买家打电话或者旺旺聊天的开场白:"您好,我是××店铺的售后专员,我叫什么名字,我想给您做个回访,您看现在方便接听电话吗?或者是旺旺聊天方便吗?"做这个目的很简单,我们要征求买家的意见,如果不方便就确认什么时候方便接听电话,再打过去,给买家留下个好印象,这个和第一次见面是一样的道理!如果正好有时间接这通电话,那么先做回访。"包包使用得怎么样呢?""朋友反馈感觉包包搭配起来怎么样呢?"这些都要一一记录下来。

3.电话或者旺旺中引入正题:"是这样子的,看您在我们家购买了包包,已经给我们确定收货了噢,但是看您给我们一个中评/差评呢,您说……"(评价内容说一遍)

这个时候要特别认真倾听,并作好记录,看看问题究竟出在哪里。"不知道您是哪里不满意呢?"(倾听顾客说话,需要不时和顾客确定,让顾客说完,再进行解释)

✎做一做 请帮助小华进行 3 个评价的回复。

活动小结

中差评的处理非常重要,订单2、3给出了中评和差评,所以售后客服要重点对订单2、3的评价进行处理。

活动2 评价处理规范

活动背景

作为一名网店回评专员,在评价中被恶意中伤,你又该如何做呢?中差评的处理规范又是怎么样的?遇到职业差评师该怎么处理呢?又该如何利用好评做好回复呢?

活动实施

第1步:查明客户进行中差评的原因。

知道问题出在哪才能知道如何应对。一般来说,客户给予中差评,归纳起来主要有以下几个方面(见图7.22)。

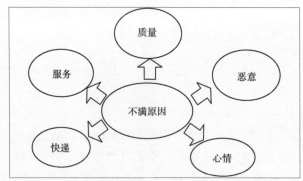

图7.22 顾客不满的原因

商品的问题:收到货时少了或破了、有色差、有气味、有线头、质量不好、怀疑不是正品等。

买家主观感受问题:觉得尺码不标准、买贵了、不想要了等。

服务售后相关问题:售前售后态度反差大、回复不及时、退货退款达不成共识、物流速度慢等。

职业差评师:给一些中小卖家实行恶意评价谋求利益的职业差评。

第2步:明确中差评处理的原则。

在处理的过程中要坚持一个基本原则——顾客都是正确的。

(1)有抱怨和不满说明顾客对宝贝仍抱有希望。

(2)对于抱怨和不满应该给予肯定、鼓励和感谢。

(3)尽可能地满足顾客的要求。

第3步:处理顾客异议的沟通技巧。

第一,要有一颗平常心。中差评,对于一个店铺是很正常的,没有中差评反而不正常,特别是大店铺,每天订单量很大,产生中差评的概率也很大。

第二,做个好的倾听者。先让顾客发泄不满情绪,当顾客还没有将事情阐述完毕的时候,中途可以适当给顾客作一些辩解,直至顾客心情平复为止。在顾客诉说的时候善用一些表情或者适当的回应,表示你还在关注顾客确认问题所在,顾客提到的症结,用纸笔将问题记录下来,让顾客感觉到你处理问题的诚意。

第三,从顾客的角度思考。在处理顾客的抱怨时,应站在顾客的角度思考问题,多反省一下,假如自己也遭遇到同样的情形,心情会怎么样? 真正体会到顾客的感受,找到有效方法来解决问题。

第4步:选择处理顾客异议的联系工具。

旺旺在线的时候先通过旺旺沟通。旺旺沟通可以避免一些因不专业而使顾客产生的不信任。

当旺旺不在线的时候可采取电话进行沟通。打电话之前最好选择在晚上顾客有时间的时候或者中午,根据不同的时间用不同的开场白。

第5步:处理无法解决的中差评。

并不是所有的中差评都能完美解决并改成好评,那么对于无法解决的中差评又应该怎么处理呢?

(1)网店平台对卖家有相关的规定和约束。因此绝对不要公布买家相关的信息作为报复手段,此举可能导致网店被平台处罚,严重的会被封号。

(2)以良好的心态对待中差评,保持100%好评率可能会招致更多的职业差评师。再次,对于恶意中差评的解释,可以写得很彪悍,以达到警告或震慑其他差评师的目的。

(3)调整好心态,几个中差评不可能毁了自己的网店,坚持下去,一切都会过去的。

第6步:应对职业差评师的技巧。

1. 职业差评师的特征见表7.1。

表7.1 职业差评师的特征

硬特征	软特征
①送出的中评或差评数量较多; ②送出的中差评多分散于各个网店。	①基本不聊天或聊天很少,拍下后直接付款。 ②基本用新账号,老账号差评多了容易被人发现。 ③聊天和拍付可能会使用不同账号,以便即使有证据也对不上旺旺号。 ④基本直接给中差评,不会事先与你沟通。 ⑤基本不接电话,也不用旺旺沟通,会告诉你:我只用QQ聊天的。 ⑥基本用QQ沟通,因为淘宝客服不承认QQ聊天记录证据。

2. 职业差评师的目标网店

(1)有一定的交易量的好评率100%的网店,一般来说周成交量300笔以上的卖家,差评师是不会去碰的,因为几个中差评对店铺的信誉影响不大,差评师也就失去了要挟的砝码。

(2)新开的或者信誉等级偏低的网店,好评率就不用说了,一个中差评,确实可以重重打击这类网店,甚至让店主失去继续开店的信心。

3. 应对职业差评师的办法

(1)要使用引蛇出洞的策略,让对方说出修改评价条件,哪怕是通过QQ聊天。

(2)尽量引导对方向修改评价条件的方向聊天,聊得越详细越好。

(3)保留 QQ 聊天截图,发布到淘宝相关的论坛,召集同样受害的卖家,引起共鸣。

(4)查找对方的购买记录和给出的中差评数量,联系其他卖家商量解决方案。

(5)如果查出用户给其他网店也有很多中差评,就向淘宝客服投诉并说明该用户的其他劣迹。

第 7 步:打好好评广告牌

利用好评给予解释和说明,是进行免费推广的好方法。下面来看看几个非常经典的好评回复(见表7.2)。

表7.2 好评回复话术

1. 每次的好评让我们万分地期待,你的好评就是对我们最大的鼓励,是我们向前看的最大动力,我们会更加努力做好我们自己,让你买得开心,用得放心,生活有了它而更加地舒心。我们不断地追求,不断地改进,只为了达到你们的要求,不管你们的要求有多高,我们也要时刻为你们服务,这就是我们的宗旨。再一次感谢你对我们店铺的支持,希望你永远记得有我们伴在你的身边,我们时刻准备着再次为你服务。(可以在后面加上店铺名,链接)

2. 多么焦急地等待就是为了看到现在的结果,你们的好评对我们来说是多么重要,它是对我们工作的肯定,更是对我们工作的默默支持,它不仅激发了我们追求更高标准的潜力,也是对我们店铺最大的报酬,让我们感觉到一切的付出都是那么的值得,感谢你们的支持,相信我们会做得更好,因为有你们。也希望你们时刻记得有我们这样的期待者在期待你们的再次光临!(可以在后面加上店铺名,链接)

3. 当我看到好评的那一瞬间,我感动了,因为你们的肯定就是对我们最大的支持和鼓励。你们的好评对我们来说就是一盏明灯,时刻指引着我们向更高的标准前进!为了达到你们的更高要求,我们时刻不断地改正自己,不断地完善自己,这也是对我们可爱的顾客——你,最大的回报。我们会时刻记得你们对我们的支持,希望你也记得有一个期待者在时刻期待你的再次光临。(可以在后面加上店铺名,链接)

4. 我们每天最开心的事莫过于看到你们的好评,你们的好评就像是山泉水一样滋润着我们的心田,我们也会更加珍惜你们的好评,不断改进自己,完善自己,力求让我们的服务做得更好,店铺做得更大,也是为了让你们能够更好、更快地买到自己喜欢的宝贝。你的好评就是对我们最大的肯定和鼓励,希望你们再次关顾我们的店铺,检验我们的进步。(可以在后面加上店铺名,链接)

5. 每次的好评都让我感动,我会更加珍惜!也感谢您给我们提出宝贵的建议,同时我们会更加努力地提供一个优质的服务平台,打造最低的价格,让您购得放心,所有产品保证与全国所有大型商场专柜一致,假一赔万,××店代表线下全体员工再次感谢您!

第 8 步:制订中差评应对对策。

出现中差评,客服必须要认真对待,积极开展善后处理工作,化解客户的不满。找出中差评原因,制定应对策略见表7.3。

表7.3 中差评原因及对策

原 因	对 策
质量问题、色差大、有气味、尺寸不合适、商品破损。	宝贝描述要尽量具体详细,给出准确的尺码,图片拍摄要真实,声明可能有色差。
物流太慢、快递服务差、快递员不文明、拒绝送货要自取。	购物前给予温馨提示,每年过节或恶劣天气造成的烟雾要及时通知客户适当延长收货时间,尽量采用客户满意的快递。

原　因	对　策
客服回复慢、查件不积极配合、退款退货难。	聘请有责任心的客服,设置好简洁得体的自动回复和常用的快捷用语。商品尽量能换则换,能退则退,以诚相待。
觉得尺码不标准、贵了、易皮肤过敏等客户自身原因。	在商品描述里面声明可能出现的情况以及向对方说明原因。
特殊客户、新手、要求过高的客户。	对新手客户,事前强调评价的重要性;对要求过高的客户,提醒谨慎购买。
填错信息、忘记发赠品、没有按要求的快递发货。	填写快递单的字迹要工整,反复检查打印的快递单,认真细致发货,客户的要求要谨记,出现差错要及时联系客户进行补救。

第9步:善用评价解释。

虽然天猫不像淘宝店铺能筛选出中、差评,但是客户不好的评价也会影响到后期有购买欲望的客户。因此售后客服要及时对卖家后台的评价做出对应的解释,具体见表7.4。

表7.4　常见评价内容及对应的解释

序　号	项目	对应解释
1	关于尺码	感谢亲对本店的惠顾:××品牌的尺码是统一标准的,相同的尺码不同的款式大小会略有不同,建议您下次购买时事先参考我们的产品尺寸表,也可咨询售前客服,我们会细心为您服务的,祝您购物愉快!
2	关于物流	因为快递的原因给您购买带来不便实在抱歉呢。我们会与快递公司进行协商,对您提到的问题予以改进。感谢您对××店的支持,本店期待下次能为您提供更优质的服务。
3	关于包装损坏	因为包装问题给您购物带来不便实在抱歉呢。由于快递是通过中转到达目的地,有的地区中转比较多,包裹在途中多次挤压,导致到达您手中的时候包裹损坏。我们会对您提到的问题予以改进。本店期待下次能为您提供更优质的服务。
4	关于正品	感谢亲对××店的支持。本店所有出售商品和实体店材质完全一样。支持专柜验货,假一罚十。您可以放心使用哦。
5	关于质量	亲,本店所有商品均为品牌正品,支持专柜验货,假一罚十,请放心购买。如有质量问题,您可以拍照给我们客服,核实属于质量问题,一定会对您负责到底的。
6	关于好评	感谢您的惠顾及对我们宝贝的认可! 请继续关注我们! 您的支持是我们不断进步的动力。我们会不定期进行大型促销活动,您可以收藏一下我们网店哦。

活动小结

小华通过中差评的处理规范,针对订单中的中差评以及好评进行了相应处理,在小华与顾客的诚恳沟通下,dongdong 和 dangdang 都将中差评改成了好评,并对给予好评的订单进行了回复"有您的支持,我们始终如一以高品质诚意待客,感谢您的光临,再次购买享会员礼包哦!"小华在处理中差评的道路上越来越顺畅了。

合作实训

买家在卖家店铺购买了东西,进行了评价,卖家进行沟通并评价回复,比一比谁完成得好,见表7.5。

表7.5

买家差评:老板啊,你家的这个鱿鱼片,比蟑螂还难吃啊! 能不能退货?   卖家回复:
买家差评:我老公不喜欢这围巾,然后我们为此吵架的时候居然撕破了!   卖家回复:
买家评价:老板,你卖的这些狗屁面膜和爽肤水我用了以后,眼睛肿得根本睁不开眼,我会通过淘宝投诉你的,你这个骗子!   卖家回复:
买家好评:实在,太实在了,卖家考虑我急用,在我还没付款的情况下就把货发出来了,这简直是我在淘宝上最经典的一次交易。   卖家回复:
买家中评:还行吧!   卖家回复:

任务3 ›››››››››
了解纠纷的类型

情境设计

网店在交易的过程中,买卖双方通过网络达成商品的交易。买家靠商品的图片、描述以及同客服人员的沟通来获取商品信息,并不能见到商品的实物,因此在沟通过程中可能存在一定的盲点或误差。在物流配送上,现在网店大部分是依靠第三方物流公司来组织实施,也给整个交易带来了风险。同时在支付以及客户服务上都可能带来交易纠纷。因此,纠纷的类型分为:顾客服务纠纷、物流纠纷、产品纠纷、收付款纠纷。

由于小华处理顾客问题的出色表现,售后客服组安排小华作为维权专员去处理公司最近发生的几起投诉问题,小华在处理之前先了解了纠纷的各种类型。

任务分解

本任务是处理各种纠纷。要完成这个任务需要了解在网购过程中各种可能产生的纠纷类型,其出现的原因,如何规避它们,当它们发生后,又如何妥善处理。本任务活动分为了解纠纷的类型、规避纠纷、处理纠纷。

活动1 了解纠纷的类型

活动背景

小华马上着手了解这些投诉,订单1:顾客差评并评价"东西质量太差,根本没有说得那么好";订单2:顾客差评并评价"都多少天了,我还没有收到我的包裹";订单3:顾客差评并评价"卖家很牛的,问他什么话也不理,总是回复说很忙";订单4:顾客中评并评价"本来是番茄酱的定时器,寄来的是番茄"。

活动实施

第1步:了解纠纷的分类,如图7.23所示。

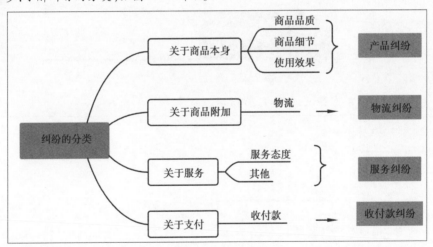

图7.23 纠纷的分类

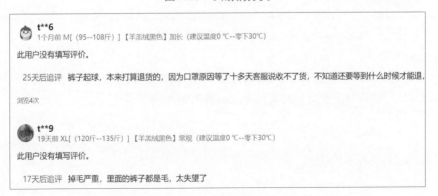

图7.24 商品品质争议

第2步:掌握不同类型纠纷的特点。

1. 产品纠纷

买家对于产品的品质、真伪、使用方法、使用效果、容量、尺码、体积等相关因素产生质疑而导致额度纠纷。

(1)对商品的品质存在争议,如图7.24所示。

(2)对商品的细节存在异议,如图7.25所示。

图7.25 商品细节争议

(3)对使用效果有异议,如图7.26所示。

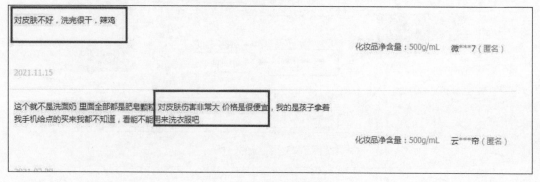

图7.26 使用效果争议

2. 物流纠纷

物流纠纷是买家对选择的物流方式、物流费用、物流时效、物流公司服务态度等方面产生质疑而导致的纠纷,常见的是费用和时效问题。如图7.27所示。

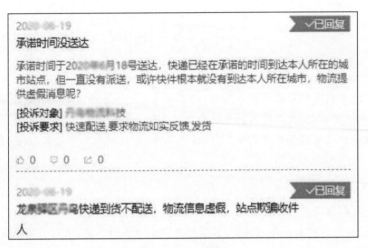

图 7.27　物流争议

3. 服务纠纷

服务纠纷是买家对客服的态度、店铺售前(后)客服各项服务产生质疑而导致的纠纷,如图 7.28 所示。

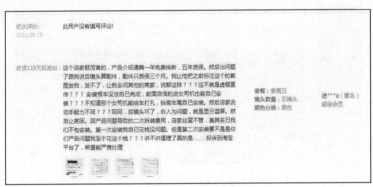

图 7.28　服务态度争议

4. 收付款纠纷

(1)买家付钱了,一直没有收到货,钱已经付给卖家了。

买家付款没有收到货的情况有两种:一种情况是卖家根本就没有发货;另外一种情况是货在途中或者买家虚假收货。还有一些新手,货没收到就去点击了确认收货,货却不知踪影。

(2)买家拍下宝贝未付款,卖家进行发货,货已经到了买家手中。

做一做　小华遇到的几个订单中,分别属于纠纷类型中的哪一种呢?

活动小结

通过学习纠纷的几种类型,小华可以对订单中的几个中差评进行纠纷的类型判断。

合作实训

请 6 名同学为一组,搜索女装、男装、鞋类、包包类、化妆品类、文具类等 DSR 值≤4.8 的店铺各一个,分析统计该店中影响 DSR 的值主要由于哪些纠纷产生? 并在同学中进行分享和交流。

<h1 style="text-align:center">活动2 规避各种纠纷</h1>

活动背景

魏文王问扁鹊他们家谁的医术最好,扁鹊认为"大哥最好,二哥次之,我最差。"原因是"大哥能治病于发作之前,二哥治病于发作之时,我是治病于危重之时,虽然我的名气大,但却不是最厉害的。"从扁鹊的事故中,小华追根溯源,探讨纠纷如何有效规避,以减少售后纠纷的产生。

活动实施

第1步:规避产品品质方面的纠纷。

在作商品描述的时候不要夸大其词,不能过分夸大产品的作用,做到实事求是。如在商品描述中展示商品检验报告,如图7.29所示;如销售的是瑕疵品,必须清晰标注,如图7.30所示。

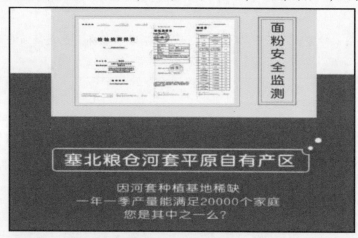

图7.29 检验报告

图7.30 表明瑕疵品

第 2 步:规避商品细节方面的纠纷

(1)有全面的商品描述,其结构如图 7.31 所示。

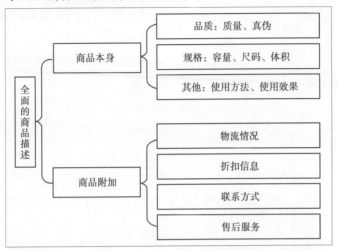

图 7.31　全面的商品描述结构

以核桃为例说明商品品质描述,如图 7.32 所示。

对于贵重的物品如钻石可以提供鉴定书、授权书、防伪标对商品进行真伪描述,如图 7.33 所示。

对于一般的品牌产品可以接受验货来辨别真伪,如图 7.34 所示。

图 7.32　核桃品质描述

图 7.33　钻石品质描述

图 7.34　品牌品质描述

商品的规格描述,一般要说明商品的尺寸等,如图 7.35 所示。

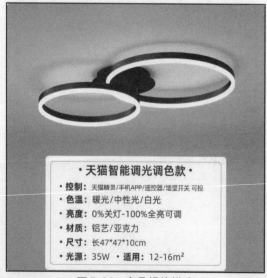

图 7.35　商品规格描述

1. 将安装卡扣一端嵌入箱体边角的长度通孔内，用M4机螺固定。

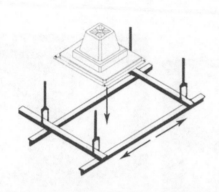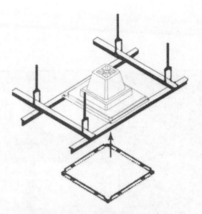

2. 将安装好卡扣的机箱扣在龙骨上可左右调节位置。

3. 固定好位置后通电测试运行正常后再扣上面板。

图 7.36　用图片描述使用方法

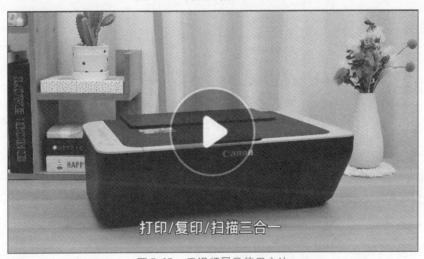

图 7.37　用视频展示使用方法

商品的使用效果像护肤品类,利用比较、销售情况、评价等方式描述会增加可信度,如图7.38—图 7.40 所示。

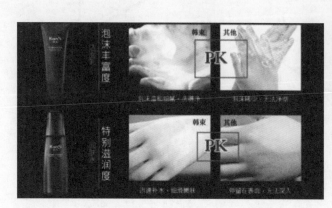

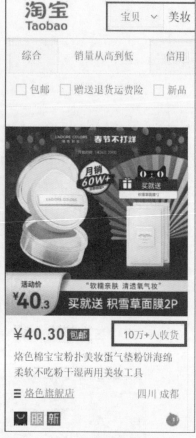

图 7.38　用产品比较描述产品使用效果　　　　图 7.39　用销售情况描述产品使用效果

郭**9
7天前 30片

用了之后的效果真的很不错，肤色都明显被提亮了，控油效果也是非常好，我被琦琦子安利的，买了之后还送原液给我，这个价钱能买到超实惠

7天后追评　99元买到的，面膜纸的大小对我来说刚刚合适，精华液还是蛮清爽水润，敷着不会闷的，十分容易吸收，特别的好用，补水很到位，很好的提亮肤色那些，现在肌肤也是有白了不少的，皮肤非常滋润，超舒服

图 7.40　用顾客评价描述使用效果

对于付款、物流、折扣、联系信息等方面的信息可以直接在买家须知或者售后部分说明，如图 7.41 所示。

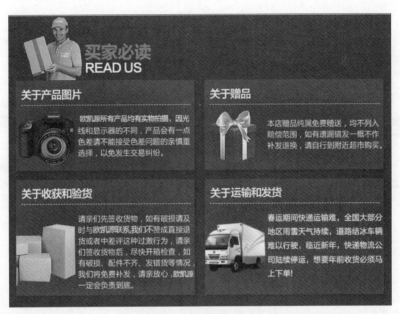

图 7.41　买家必读描述售后说明

（2）提供准确的商品图片。商品图片包括实物图、细节图、效果图 3 种,3 种图片具体要求见表 7.6。

表 7.6　准确的商品图片

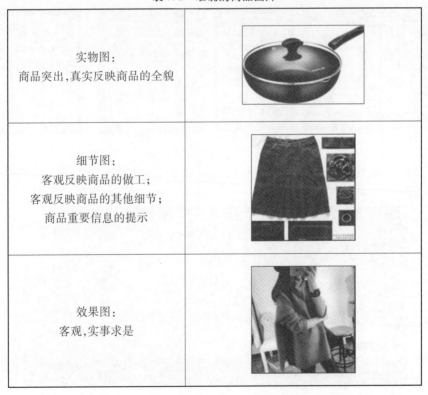

实物图: 商品突出,真实反映商品的全貌	
细节图: 客观反映商品的做工; 客观反映商品的其他细节; 商品重要信息的提示	
效果图: 客观,实事求是	

第 3 步:规避物流问题产生的纠纷。

(1)在描述中应写明物流的情况,当地所使用的物流,异地使用的物流,有关快递公司的信息,物流所用的时间和费用等,如图 7.42 所示。

图 7.42　物流描述

(2)在发货时应包装完好坚固,特别对于一些易碎、防潮湿、防伪品等要做好相应标志,如图 7.43 所示。

图 7.43　特殊产品标志

(3)在货物发出后,要及时跟踪包裹,为顾客提供最新的物流信息,并提醒顾客检查包裹的外包装,如图 7.44、图 7.45 所示。

图 7.44　物流查询

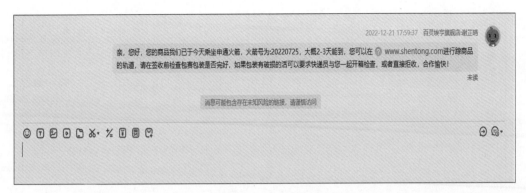

图 7.45 发货提醒

第 4 步:规避态度问题产生的纠纷。

礼貌的用语,态度热情,在回复顾客的咨询时,要回复及时,适当地自动回复,不要让顾客觉得受到冷落。当顾客提出问题时,要心态平和,避免与顾客发生争执,如图 7.46 所示。

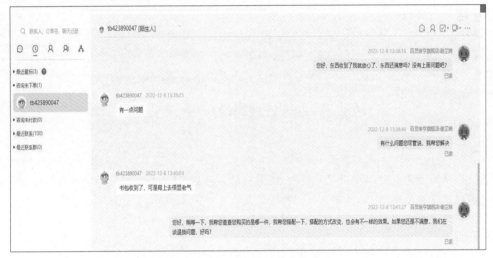

图 7.46 积极回应顾客咨询

第 5 步:规避使用效果方面的纠纷。

在描述效果方面,切记几个原则:客观评述、不要避重就轻、切勿轻许承诺,如图 7.47 所示。

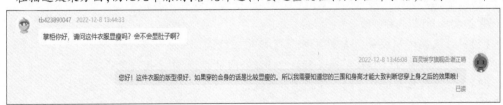

图 7.47 客观描述使用效果

第 6 步:规避其他纠纷。

对于漏发或者错发的情况引起的其他纠纷,作为卖家在处理订单的过程中一定要仔细、认真核对订单信息和收货地址,确保订单不会漏发或者错发,一旦出现漏发或者错发的情况,要及时联系买家,主动沟通,积极帮顾客解决问题,如图 7.48 所示。

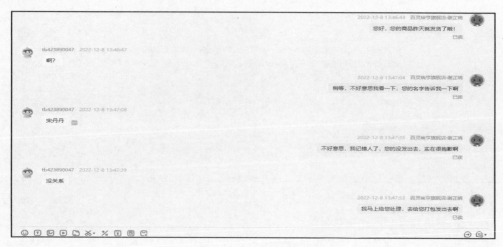

图 7.48　积极处理顾客问题

活动小结

通过这个活动,小华明白了要更好地规避各种纠纷,需要前期对商品描述以及商品的品质和使用效果进行如实描述,实事求是;在发货之前要核对售货单才可出库;对客服人员进行必要的客服考核和人员素养的培训。

处理客户投诉技巧案例

活动 3　处理各种纠纷

活动背景

> 小华对于 4 个订单中出现的纠纷,将它归结为产品纠纷、态度纠纷和物流纠纷。如果说规避纠纷是为了防微杜渐,那么处理纠纷就是亡羊补牢了。

活动实施

第 1 步:处理产品纠纷。

(1)对于产品质量不过关的,请卖家提供图片或证明,确认是质量问题进行退货退款处理。

(2)如买家对产品有所误解时,耐心向买家解释产品。

(3)买家使用方法不当时,可引导买家了解正确的使用方法。

第 2 步:处理物流纠纷。

(1)时效问题。积极帮助买家查件,及时回复买家。

(2)主动承担责任。积极帮助买家处理物流公司的投诉,不争论是谁的责任。

(3)充分了解各物流公司的派送范围和时效。

第 3 步:处理态度纠纷。

(1)比较常用的聊天工具都提供了很多的表情符号,在与顾客的聊天中可以借助符号表情的运用,缓解和表达心理情感。

(2)网店管理人员应该设立客服管理机制,对客服态度和买家投诉进行管理。设立绩效考核标准,对工作人员进行考核和约束。

活动小结

　　小华按照纠纷的处理办法,主动积极联系买家,以诚恳的态度征求买家的谅解,并联合各方一起配合,终于将这些纠纷处理好了。

合作实训

　　请两位同学为一组,分别模拟 4 个订单中的买卖双方,进行情境模拟。 要求综合运用本任务中学到的知识,借助聊天工具、模拟平台等完成此实训,并交流心得。

任务 4 〉〉〉〉〉〉
进行工作交接

情境设计

　　一天的工作很快就要过去了,作为网店的工作人员,工作一般都是持续性的,特别是店铺开展促销活动,订单量非常大时,经常实行三班倒的班次。 作为每班次的工作人员有可能没办法在自己上班的时间内完成工作内容,那么进行有效的工作交接,也是售后客服必须掌握的技能。

任务分解

　　本任务通过完成工作交接表的制作来实现工作交接的功能,那么一张工作交接表需要哪些要素呢? 工作交接时有哪些工作规范可以帮助交接顺利进行呢? 针对以上两个问题,本任务分解为制作工作交接表及完成工作交接两个活动。

活动 1　制作工作交接表

活动背景

　　小华下班前还有几个客户需要继续跟踪:订单号为 20150722,ID 为 xixi 的买家因购买的商品比较多,答应给他包邮,需要对他的订单进行改价并催付款;订单号为 20150823,ID 为 qingqing 的买家要求给她赠送一条腰带,需要在订单添加赠送备注;订单号为 20150924,ID 为 bobo 的买家申请退换货,需要在后台同意买家退换货,并给买家提供退货地址。那么以什么样的方式可以帮助交接工作呢? 小华考虑到 Excel 的强大功能而且容易操作,于是用 Excel 来制作售后表。

活动实施

　　第 1 步:使用 Excel 进行表的制作。打开 Excel,在第一行中输入表头:sunny 客服工作交接表。

　　第 2 步:在第二行中输入交接的具体内容,包括买家 ID、订单号、交接前订单状态、价格、订单描述、交接后订单状态、交接人、承接人、备注等。

　　第 3 步:调整表格格式,售后交接工作表就完成了,如图 7.50 所示。

图 7.50　售后表

活动小结

有了这张售后表,小华对需要继续跟踪的订单进行了售后表的填写,完成了工作的交接。

活动2　完成工作交接

活动背景

每位客服在工作交接前完成"售后表"的填写,方便交接班;同样,客服在上班前,第一件事应该通过"售后表"了解上一班次遗留需要解决的问题。

第1步:上班客服查看下班客服的"售后表",了解上一班次未解决的问题。

订单号为20200722,ID为xixi的买家因购买的商品比较多,答应给她包邮,需要对她的订单进行改价并催付款;订单号为20200823,ID为qingqing的买家要求给她赠送一条腰带,需要在订单添加赠送备注;订单号为20200924,ID为bobo的买家申请退换货,需要在后台同意买家退换货,并给买家提供退货地址。

第2步:针对以上问题一一进行解决。

(1)后台查找订单20200722,或者查找客户ID:xixi,看到其已经下单,进行改价并发信息催付。

(2)后台查找订单20200823,备注:赠送腰带一条。

(3)后台查找订单20200924,发现该买家还没有申请退换货,此任务还待解决。

第3步:完成相应任务后,在"售后表"中备注。

对订单:20200722、20200823的记录进行备注:已完成,对订单20200924备注:等待买家申请退货。

第4步:定时查看,直到所有问题解决,下班前再将未解决问题填进售后表。

活动小结

通过"售后表"进行工作交接,简洁明了,但是客服也要懂得一些使用技巧,才能让其发挥效用。 比如做好备注、不时查看等。

合作实训

请3位同学分别代表三班倒的售后客服,合作完成今日的工作交接,填写售后表。

(1)A同学负责早班,B同学负责中班,C同学负责晚班。

（2）A 同学负责对当前店铺的具体工作进行收集，并对 B 同学进行交接。

（3）B 同学对交接后的工作进行处理，跟 C 同学进行交接。

（4）C 同学处理并为下一班的交接人员填写售后表。

项目总结

通过本项目的学习，同学们了解了售后服务的流程、学会了客户评价的处理规范和了解了纠纷的类型（服务纠纷、物流纠纷、产品纠纷、收付款纠纷）以及掌握如何去有效规避各种纠纷，并处理纠纷，还能对售后的工作利用售后表进行交接工作。售后的工作是纷繁复杂的，又非常考验售后客服人员的职业素养。因此，要做好网店工作，必须掌握售后的服务工作。

项目检测

1. 单项选择题

（1）交易成功后（   ）天内，在使用商品过程中，发现商品有质量问题或无法正常使用，可申请售后。

A. 15　　　　　　B. 7　　　　　　C. 10　　　　　　D. 30

（2）评价作出后的（   ）天内可以作评价解释。

A. 15　　　　　　B. 3　　　　　　C. 10　　　　　　D. 30

（3）什么是店铺危机？下面描述错误的选项是（   ）。

A. 店铺面临被顾客投诉　　　　　　B. 店铺面临被扣分

C. 店铺需要赔偿顾客　　　　　　D. 店铺没有交保证金

（4）买家办理退货后，客服应该怎么处理？（   ）

A. 提醒顾客在网上填发货单　　　　　　B. 收到货后检查登记并办理退款

C. 收到货后联系顾客并推荐新款　　　　　　D. 以上处理方法都可以

（5）中差评在评价作出后的（   ）天内可以修改，逾期将不能再更改。

A. 15　　　　　　B. 3　　　　　　C. 30　　　　　　D. 20

2. 多项选择题

（1）在处理售后纠纷时，话术技巧是很重要的，在与顾客交流时，客服不能说的话有（   ）。

A. 这个不属于我们的问题，我们不能负责

B. 亲的货被快递公司遗失了，请找快递公司索赔

C. 退的货你没填单号，导致退款速度慢，这不是我们的错

D. 我很抱歉，我们会尽能力帮您解决的

（2）买家付款后，卖家过了 3 天还未发货，买家可以怎么做？（   ）

A. 申请退款　　　　　　B. 联系卖家，询问什么时候发货

C. 投诉卖家不发货　　　　　　D. 再等 10 天

（3）搞活动时顾客关注的问题都是哪些方面的内容？（   ）

A. 产品情况　　　B. 物流情况　　　　C. 售前情况　　　　D. 售后情况

（4）对店铺不利的评价,下面客服所作的评价解释,不恰当的是(　　　　)。

A. 交易成功后,顾客无理要求退还部分货款,因店铺没退顾客,给了差评,客服 A 公布了顾客的个人信息,指责顾客讹诈货款

B. 顾客在评价中写到衣服尺码标注不准确,收到的衣服比标的尺码大 2 ~ 3 cm,客服 B 解释:描述中的尺码说明为手工测量,可能有误差,属于国家标准误差范围内

C. 顾客在评价中写到快递速度慢且服务不好。客服 C 解释快递公司不是他们开的,因此干涉不了快递公司的事,请买家多担待

D. 顾客在评价中写道东西还不错,就是价格太贵了。客服 D 解释一分价一分货,要便宜,去别家买

（5）老客户对店铺的作用是(　　　　)。

A. 提升回头率　　　　B. 提升 DSR 动态评分　　　　C. 提升客单价　　　　D. 提升店铺口碑

3. 判断题

（1）物流因素不受商家控制,因此商家无法避免商品的物流纠纷。（　　　）

（2）售后客服只需要了解退款/退换货流程纠纷维权规则,对产品相关知识不需要掌握。
（　　　）

（3）客服必须做到不可以直接拒绝买家的各种要求,只能用婉转的方式说明拒绝理由。
（　　　）

（4）卖家加入 7 天无理由退换货服务承诺后,买家的退换货费用由卖家承担。（　　　）

（5）淘宝退款/退换货的形式主要涉及未收到货退款、收到货仅退款、收到货退货并退款、换货不退款 4 种方式。（　　　）

4. 简述题

（1）包邮产品退货,运费谁承担?

（2）如果客户购买的时候商品是 99 元,我们退款也是退 99 元,但是客户说退回他银行卡的钱,短信提示只收到 98 元,这种情况怎么处理?

（3）客户购买的时候有运费险,退款以后,客户问道,运费什么时候退给我? 该怎么回答?

（4）顾客买了我们商品,我们用快递按时发了货物,过了几天顾客来电话联系我们,说没收到货物,我们通过查询快递网站跟踪记录,发现本人签收了,告诉顾客,顾客坚持说没有收到,然后我们打快递人工台,投诉,快递说确实是本人签收,然后顾客生气了,投诉,遇到这样的情况怎么办?

（5）某顾客购买我网店 2 个相同的鞋柜,2 个相同的书柜,过了几天收到货物之后,顾客不满意要求退货。客服同意退货后,退回来后发现只有 1 个鞋柜,1 个书柜,问顾客,顾客坚持说退回的是 2 个鞋柜,2 个书柜。我们发现包裹未破裂,也没拆开的现象。如果双方为此事发生纠纷,最后顾客要求退款,我们拒绝,顾客投诉维权,遇到这种事情,怎么办?

（6）作为一个客服,应该具备哪些必需的基础知识和心态? 请如实写出你本人的性格、心态、工作决心,一个天猫客服应具备哪些品质?

5. 实训题

顾客 C 参加天猫 D 店铺"双 11"活动买了两件衣服,一件 2 400 元,一件 500 元。D 店铺承诺 15 天内发货,但 20 多天过去了,C 顾客迟迟未收到衣服,和 D 店铺客服沟通,客服回复说衣服

订单量太大,备的货都发光了,要订制现做,这一批工厂发来的面料不好,他们没有用,换面料耽误时间了,1 个月后 C 顾客收到了衣服,但是很不开心。

（1）如果你是这家店的客服,若预期承诺 15 天后不能及时发货,你会怎么做?（   ）

　　A. 发货不是我们的事情,因为不知情,所以不管我们客服的事

　　B. 每天工作很忙,等顾客找到我们时再安抚一下

　　C. 每天及时查看发货情况,仓储发货处对接,发现问题提前与顾客沟通,取得顾客信任与谅解

　　D. 延长顾客的收货时间

（2）顾客前来咨询货物迟迟未发出的理由,请问客服怎么接待?（   ）

　　A. 礼貌接待,并快速回应顾客

　　B. 安抚顾客,解释活动的因素,请求顾客予以谅解

　　C. 与顾客沟通协商解决问题的方法

　　D. 查询原因,快速反馈给顾客信息

（3）顾客收到货时系统已经自动交易成功,她对卖家服务态度感觉不满意,于是她发起了售后维权。 请问,她发起的是哪类售后维权?（   ）

　　A. 收到商品描述不符　　　　　　　　B. 商家未按约定时间发货

　　C. 收到假货　　　　　　　　　　　　D. 商品质量问题

（4）卖家从哪里可以看到买家维权信息?（   ）

　　A. "我是卖家"→"客户服务"→"投诉管理"

　　B. "卖家工作台"→"诚信经营"→"待处理投诉"

　　C. "我是卖家"→"促销管理处"

　　D. "我是卖家"→"评价管理处"

（5）如果她要求赔付违约金,淘宝判她的依据成立,那违约金额是多少元?（   ）

　　A. 300　　　　　　　B. 560　　　　　　　C. 650　　　　　　　D. 480

评分

题　号	一 (每小题 2 分,共 10 分)	二 (每小题 4 分, 共 20 分)	三 (每小题 2 分,共 10 分)	四 (每小题 5 分, 共 30 分)	五 (每小题 6 分,共 30 分)
得　分					
我的总分					
我的称号			总分 0~60 分		菜鸟客服
			总分 61~80 分		银牌客服
			总分 81~100 分		金牌客服

项目 8
维护客户关系

【项目综述】

开发新客户需要投入很多的人力物力,而老客户的二次购买则几乎没有成本。这就是做"客户关系维护"的原因。维护客户关系的目的就是让老客户实现二次购买,甚至是多次回购,降低营销成本,同时也提高客服的转化率和销售额。

小华做了一个月的实习客服后,已经累计接待了 1 500 人次客户。售前客服组李组长给小华做了客户关系维护的系列培训,让小华好好管理手上的客户资源。小华按照李组长的要求,对客户进行了分类,做了客户档案,然后在千牛工作台中和微信上都做好了客户的标记和备注。每天,给老客户打电话、发信息,以维护客户关系;有时还会配合运营小组,在"客户运营平台"中给相关客户发放优惠券、发送短信息以及定向海报。

在维护了一段时间后,小华发现确实有一些客户成了回头客,这让她兴奋异常。

【项目目标】

通过本项目的学习,应达到的具体目标如下:

知识目标

◇理解客户关系管理的作用与目的。

◇了解维护客户关系的技巧。

能力目标

◇能够提取客户有效的信息,编制客户档案。

◇掌握电话、短信、旺旺信息、微信信息等维护客户关系技巧。

素质目标

◇把每一位顾客都当成店铺的重要资源,营造店铺与客户之间的情感连接。

◇深切体会20%的老顾客能给店铺80%销量的二八原则。

◇培养学生工作严谨、服务第一的价值观。

【项目思维导图】

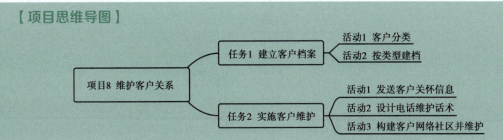

情境设计

小华在接待了一个月后，有了一定的客户基础。李组长说：想维护好客户关系，不能总是群发消息，这样只会让人觉得你纯粹卖广告，顾客是不会理会这些群发消息的。想要有针对性地发送消息，就必须先对客户进行分类，根据客户的不同类别推送不同的消息，让顾客感觉你是和他本人在说话，而不是和"他们"在说话。这样才能和顾客建立起个人的情感联系，顾客才会对店铺和对客服产生信任感。情感和信任感是让顾客成为回头客的重要因素。

小华听完这番话感觉很有道理，从建立客户档案开始，对客户进行分类，然后按照客户类型建档，并学习提取有用信息进行归档的技巧。小华真心感谢李组长的谆谆教导。

任务分解

建立客户档案，要先确定客户分类，然后设计档案表格进行归档，在归档的过程中有一些技巧需要注意。因此，任务分解为：客户分类，按类型建档。

任务 1 >>>>>>>>>>
建立客户档案

活动 1 客户分类

活动背景

小华一个月里接待的客户有 1 500 余人次了，有些客户经过咨询下单了，有些客户没有下单，有些客户收到货后给了好评，有些客户是沉默的，还有一些客户产生了退款退货。

活动实施

第 1 步：按照客户状态对客户进行分类。

小华第一时间想到按照客户的状态进行分类，可以把这可客户分为：已成交客户、咨询未成交客户、拍下未付款客户、退货退款客户；已成交客户又可以进一步分为好评客户、未评价客户、差评客户；拍下未付款的客户又可以分为订单已取消客户、订单未取消客户。分类如图 8.1 所示。

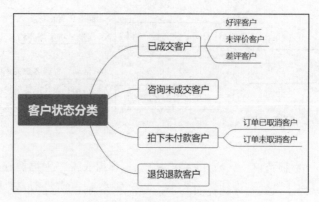

图8.1 按照客户状态分类

第2步：了解其他客户分类方法(见图8.1)。

按照客户性别可以分为：男客户、女客户。

按照客户是否购买商品可以分为初次购买客户、多次回购客户、有意愿购买客户。

按照客户成交金额可以分为银卡客户、金卡客户、白钻客户、VIP客户。

□ 知识窗

> 对企业而言,不同的客户具有不同的价值,维护客户关系作为一个获取、保持和增加可获利客户的过程,要做的就是采取有效方法对客户进行分类,并以此为依据合理分配企业资源,有针对性地提供服务。因此,确定客户分类体系的原则要围绕是否能有效区分客户价值。

✎ 做一做　假设你是一家化妆品旗舰店客服,购买化妆品的顾客中有女性也有男性,购买的目的有送人的,也有自用的,有些顾客购买的大部分是特价商品,有些顾客喜欢购买高端商品。请你试着给这些顾客分类。

活动小结

　　小华对比了其他的分类方法,觉得按照已成交客户、咨询未成交客户、拍下未付款客户、退货退款客户来为客户分类简单直接,方便她针对性地与客户联系。所以,她决定就按照这个分类方法进行分类了。

活动2　按类型建档

活动背景

　　建立客户档案,将来可以随时查询顾客的消费记录和会员折扣,可以从他们的购物清单和购物频率上分析顾客的消费习惯以及消费心理,以便及时跟进各种促销宣传,或者是推出顾客感兴趣的优惠活动

　　小华把她的客户分为已成交客户、咨询未成交客户、拍下未付款客户、退货退款客户四大类,然后她要分别为这四类客户建立客户档案。不同类型的客户,其档案的内容是不同的。

活动实施

第 1 步：设计"已成交客户"档案。

小华先自行设计了"已成交客户"的档案表格，见表 8.1。该表格使用 MS Excel 软件制作，列明的项目主要有交易时间、客户网名、真实姓名、联系电话邮箱、收货地址、购买商品、成交金额、赠品、备注等。

表 8.1　已成交客户档案

	A	B	C	D	E	F	G	H	I	J	K
1						客 户 档 案					
2	交易时间	客户网名	真是姓名	联系电话	邮箱	收货地址	购买商品	成交金额	赠品	是否成功交易	备注
3	2015.3.1	白色舞蹈裙	李小琳	13900000000	13900000000@qq.com	广东省广州市荔湾区******	原味牛肉干500克	58.00	青豆50克*1	交易成功	钻石会员
4	2015.3.1	abc123	王晰	13300000000	13300000000@qq.com	湖南省株洲市中心区******	榴莲干200克	39.00	青豆50克*1	交易成功	白金会员

第 2 步：设计"咨询未成交客户"档案表格。

设计该表格需要另外一些内容，包括咨询日期、客户 ID、意向商品、咨询内容、未成交原因、催购记录、成交可能性等，见表 8.2。 因为聊天记录可能会被清空，所以需要记录下关键信息，以便客服继续跟进，最终达成交易。

表 8.2　咨询未成交客户档案表

	A	B	C	D	E	F	G
1	咨询日期	客户ID	意向商品	咨询内容	未成交原因	催购记录	成交可能性
2	190802	多米诺骨牌	充电夹子小风扇迷你USB（货号F803）	充电后使用时长是否静音	咨询后没有后续操作	190802发来催购信息未回 190803发送优惠券	50%
3	190802	轻轻的亲	多口USB充电器一拖五快充（型号FT60）	充电快不快 大不大	没有优惠	190802发来催购信息后未回 190803发送优惠券信息	60%

▢ 知识窗

建档归档小技巧：

(1) 可以使用一些如"网店管家"一类的网店管理软件来建立客户档案；

(2) 可以通过客户"足迹"了解客户的意向商品、喜好等；

(3) 接待客户时注意提醒"加购"（意为把商品加入购物车）和"收藏"（收藏店铺），方便进行客户归档管理。

✎ 做一做　请用 Excel 设计"拍下未付款客户"和"退货退款客户"的档案表格。

活动小结

完成了档案表格的设计后，录入客户信息才是最繁琐的工作。 小华看着表格，还是有满满的成就感，她为自己打气，继续加油，多录入一些，这样才有利于做好客户服务，提高店铺销量。

合作实训

请分组设计客户分类，并按照分类设计客户档案表格。 以小组为单位，说明设计方案及设计理由。

任务 2 》》》》》》》
实施客户维护

情境设计

仓库向李组长反馈：某商品更换了包装，今天新老包装同时发货，明天预计全部启用新包装。李组长笑称：这正是很好地使用客户档案进行客户维护的机会了。因为详情页中还没有及时更新图片，有些顾客收到货后会有疑问，可能还会有投诉。为防止出现严重的售后问题，客服最好提前和已购买该商品的客户进行沟通，可以通过短信、即时通信工具、电话等方式进行。李组长让小华务必通知到客户：该商品新老包装同时发货，商品质量不变，如不能接受，可以全额退款。

任务分解

与客户保持沟通、联系的途径包括短信、即时通信（阿里旺旺等）、电话、网络社区（旺旺客户群、微信客户群等）。因此，要根据客户档案进行客户维护，该任务可以分解为发送客户关怀信息，设计电话维护话术，构建客户网络社区并维护。

活动 1　发送客户关怀信息

活动背景

拍下未付款、物流异常、客户给了差评等各类情况，都需要我们及时与客户沟通，除了在线旺旺联系之外，还可以选择给客户发送关怀短信，随时与他们保持有效的沟通。

活动实施

第 1 步：明确发送客户关怀信息的节点。

在整个客户服务过程中，有几个关键节点可以发送信息进行客户关怀，如图 8.2 所示。

根据店铺的实际情况，通过即时通信工具发送信息成本较低，全部节点都可以预先设置快捷短语，并一一发送给客户。而对于一些高价值客户群体，或者需要重视的客户，则可以选择发送短信。短信息也不一定需要在每个节点都发送，可以选择更关键的节点进行发送。

▢ 知识窗

目前，手机短信息仍然是人与人之间沟通的重要方式之一，其优点是送达率比即时通信工具要高，在没有 Wi-Fi 或手机流量的情况下也能收到。而其缺点是收费较即时通信工具高。因此，使用短信关怀仍然是客户维护中效率较高的一个方式，为了节省成本，短信关怀一般使用在高价值客户群中。

第 2 步：掌握关怀信息相关话术。

关怀信息可以预先设计，在即时通信工具中作为快捷短语预先设置。而短信则需要购买短信套餐后，在提供短信功能的软件中进行设置。为避免信息过长，多条收费，同时又给客户造成困扰，短信一般设置在 50~60 字符。

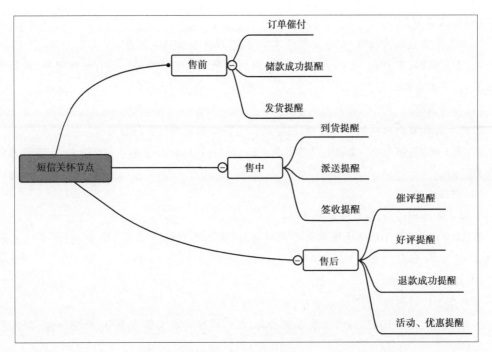

图 8.2　短信关怀节点

（1）订单催付

客户加购后没有付款，时间长了可能会忘记，造成订单流失，可以发信息提醒付款。

例：亲爱的#买家 ID#！您拍下的宝贝，会给您预留 24 小时，请及时付款哦。

（2）付款成功提醒

客户付款成功后，马上发送确认信息，表达客服的热情和关注，优化服务体验。

例：亲爱的#买家 ID#！您在本店购买的商品已经付款成功，我们会尽快发货，感谢您的光临。

（3）发货提醒

卖家发货后发送提醒，让买家关注物流信息。

例：亲爱的#买家 ID#！您拍下的宝贝已经快马加鞭，正在送到您手中，单号是××××，请注意查收。

（4）到货提醒

当快递到达客户所在城市后，发送信息通知客户宝贝已到达。

例：亲爱的#买家 ID#！您的宝贝目前已经到达您所在城市，请保持手机畅通，方便快递联系您。

（5）派送提醒

物流状态变为已派送时，即刻发送信息给客户。

例：亲爱的#买家 ID#！您的宝贝已经开始派送了，请注意签收。如有任何问题，随时联系客服哦。

（6）签收提醒

物流状态变为已签收时，发送信息给客户，提醒客户尽快确认收货。

例：亲爱的#买家ID#！您的订单已签收，麻烦您确认收货并好评！如有任何问题，请随时联系客服哦，竭诚为您服务。

（7）催评提醒

客户确认收货后未收到及时评价，可发送信息提醒客户对订单作出评价。

例：亲爱的#买家ID#！您的宝贝已签收，若对我们服务满意，请赐我们5分好评，不满意请直接联系我们。

（8）好评提醒

当客户做出好评后，发送信息感谢。

例：亲爱的#买家ID#！感谢您给小店的好评，小店已经将您加入VIP会员，更多优惠等着您哦。

（9）退款成功提醒

客户产生售后问题，在退款成功后，发送信息安抚客户。

例：亲爱的#买家ID#！您的退款已经完成，我们将继续提高服务质量，让您满意，期待您的下次光临。

（10）活动、优惠提醒

可以根据客户曾经购买的商品，或浏览过的商品，向客户发送优惠信息。或者在客户生日或其他节日，定时给客户发送活动信息，提醒客户到店购买。

例：亲爱的#买家ID#！好久不见。"618"超多优惠等你来。#店铺名称#

活动小结

小华意识到"工欲善其事，必先利其器"，客户维护这项工作也是可以借助一些软件来完成的。有些软件工具的功能很强大，是我们工作中最强有力的帮手。只要提前做好设置工作，交易中的纠纷就会少许多，客户也会更信任我们的网店，成为我们的回头客。

合作实训

客服可以跟客户说的话很多，维护信息在语言组织上可以更有特色和独创性，这才能更好地体现我们店铺的风格。如果让你的团队来设计自己的信息模板，他们能编辑好吗？请大家分项目试试看吧！

活动2 设计电话维护话术

活动背景

仓库向李组长反馈：某商品更换了包装，今天新老包装同时发货，明天预计全部启用新包装。为防止出现严重的售后问题，李组长让小华上午就必用电话通知到已购买还未发货的客户：该商品新老包装同时发货，商品质量不变，如不能接受，可以全额退款。

活动实施

在客户关系维护过程中,电话维护可分为:"紧急事件沟通电话"及"售后回访电话"两种。

第1步:拨打紧急事件沟通电话。

正如该活动背景中出现的情景一样,在销售过程中可能出现一些较紧急的情况,如商品包装更换、商品缺货(包括配件缺货)、物流大面积出现异常、没有预先说明的一些情况等。在这些紧急情况下,为了维护客户关系,避免维权纠纷,客服部一般会采取电话通知。

紧急通知的话术可以预先设计,便于掌控每位客户的通话时长,提高通知效率。话术内容应有条理地表达整个事情,同时表示抱歉,还要给客户选择的余地(如退款,或更换其他商品等)。

例:您好,这边是生活超市,我是客服小华。

您在本店购买的某某商品近期更换了包装,因此本店新旧包装随机发货,您收到的商品包装不同,但其内容和质量是一样的,请您放心。(说明来电缘由)

如您不能接受更换包装,可以联系在线客服,我们给您更换其他商品或全额退款。(供客户选择)

#聆听客户的回复#

谢谢您的理解,祝您生活愉快,再见。(简短告别,控制通话时长)

第2步:拨打售后回访电话。

在客户收货一周后可以进行售后回访,特别是一些价格较高的商品。通过售后回访能及时了解客户的使用情况,防止出现不沟通的差评,也可以提升服务质量,树立品牌形象,提高客户的忠诚度。

例:您好,我是生活超市客服小华,现就您购买的商品做一个简单的回访。(自报家门)

您在本店购买的某某商品现在使用情况如何,是否满意?(直截了当提出来电理由)

#聆听客户的回复#

好的,这边已经做好了记录,我将联系同事尽快处理您的问题。(反馈,可以记录后再反馈,也可以直接回答客户的疑问)

谢谢您的接听,有任何问题都可以联系在线客服,我们将竭诚为您服务。祝您生活愉快,再见。(告别)

活动小结

小华赶紧按照李组长的指示设计好电话话术,打开客户档案,向已购买该商品的客户打起了电话。果然,有话术在,电话打起来得心应手,效率也高很多。

活动3　构建客户网络社区并维护

活动背景

有效地向老顾客传递信息,建立买家旺旺群、QQ群和微信群,将目标客户、潜在客户加入到群里,通过定期的活动,潜移默化地影响客户,最终转化为自己的固定客户。

活动实施

第 1 步:建立客户群(旺旺群、QQ 群或微信群)。

在千牛工作台,客户咨询购买后,客服可以通过群组管理,建立群组详情,可以实现客户自动分流入群(见图 8.3),以便后续进行客户维护,如图 8.4 所示。

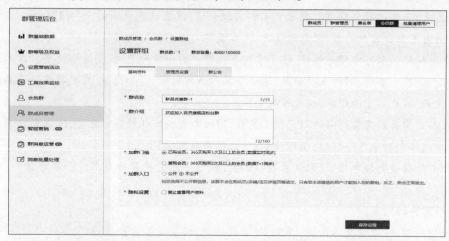

图 8.3 千牛工作台群组管理

图 8.4 "群设置"

在商家群中,可以创建活动来达到促销的目的。打开商家群活动,选择"群信息"进入"群应用"→"限时抢购"→"新增限时抢购商品"→"淘宝群"→"限时抢购"→"新增限时抢购商品"。

买家只有进入商家群,点击商品链接才能看到团购价格,将链接发送给群外的朋友只能显示原价,解决办法就是推荐朋友进入你的商家群,如图 8.5 所示。

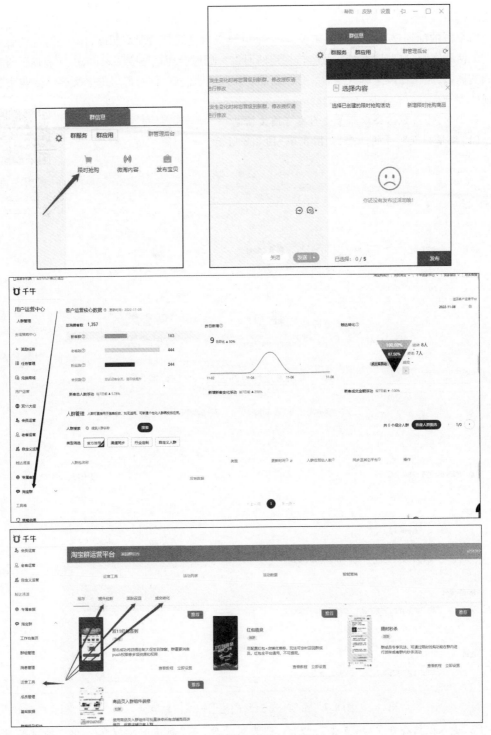

图 8.5 在商家群里创建活动

活动小结

每个群的前期准备工作都很重要。 一个群要有自己规范的规章制度,比如发言机制,举办活动的活动规则,这些要在群右侧公告栏定期通告。通过合理地建立买家群,小华加强了与客户之间的联系,大家在群里聊天谈心、分享新品、参加团购优惠活动,群里的老顾客的复购率有了明显的提升。

第2步:使用微信公众账号平台发布图文信息。

(1)微信公众账号的注册,如图8.6—图8.8所示。

图8.6 微信公众账号的注册——选择类型

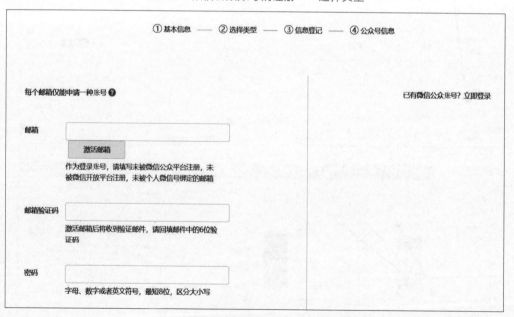

图8.7 微信公众账号的注册——信息填写

(2)进入微信公众平台,点击"管理"→"素材管理"→"新建图文消息",即可编辑单图文。如果需要编辑多图文消息,直接点击左侧"+"可增加一条图文消息,最多可编辑8条图文内容,如图8.9所示。

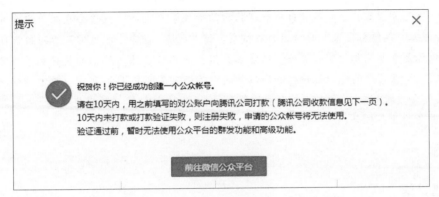

图 8.8　微信公众账号的注册——注册成功

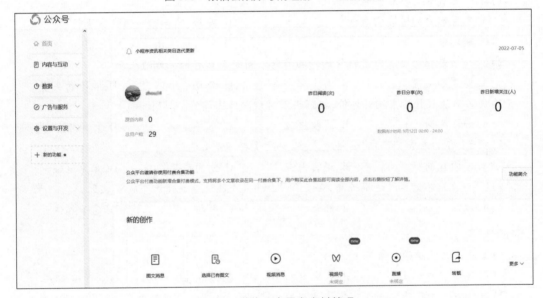

图 8.9　微信公众平台素材管理

活动小结

小华给自己定下了目标,每天接待客户的时候要记得把已购的客户加入旺旺好友,并且做好分组,后面再建立商家群,把这些客户加进去,发布一些活动等,以促进二次销售。这些客户资源绝对不能放过。另外,微信公众号等新媒体是涨粉利器,粉丝多了,肯定带来很多潜在客户。这个需要有时间的时候多加琢磨,看看能不能做出一些成绩。

合作实训

店铺的店庆月到了,运营部策划了"舌尖上的吃货"大型促销活动。现在,该如何使用我们整理的客户资料,采用合适的传播方式,将这个活动宣传出去呢?要达到真正让老顾客享受到实惠,自愿帮我们把店铺推荐给身边的人的目的。请分组进行,一部分进行买家群内的活动分享,一部分进行微信公众账号的图文信息编写传播。看看哪一部分的宣传效果会更好。

项目总结

通过本项目的学习,同学们学会了通过客户档案表格设计和客户会员级别设置来进行客户档案的整理,懂得了利用千牛客户关怀服务操作和设置售前短信、物流短信、售后短信来进行客户关怀,知道了掌握客户旺旺群、QQ群和微信群的管理和熟练使用微信公众账号平台发布图文信息来管理客户网络社区来及时传达新品信息。随着经济的发展,企业80%的利润来自20%的价值客户,已是众所周知的实践真理。很多客户流失是因为企业对他们的关怀和重视不够。对于客户来说,企业提供的竞争性价格和高质量的产品绝对是很关键的,但客户更看重的是企业对他们的关怀和重视程度。通过客户关系的维护,企业可以挖掘客户的潜在价值,提高客户忠诚度,掌握更多的业务机会。

项目检测

1.单项选择题

(1)客户关系维护的第一步是(　　)。

  A.发现客户的潜在需求　　　　　　B.搜集、完善客户的档案资料

  C.制订服务方案　　　　　　　　　D.制订标准化建议书

(2)(　　)是指对企业或者销售的物品有需求同时又具有购买力的人。

  A.重复购买者　　B.潜在客户　　C.会员　　D.首次购买者

(3)买家确认收货后未及时评价,提醒买家对订单作出评价,可以使用(　　)。

  A.好评感谢　　B.签收提醒　　C.催评提醒　　D.订单催付

(4)对于"咨询未成交客户"的档案表格,哪项资料不是必需的?(　　)

  A.咨询日期　　B.顾客ID　　C.意向商品　　D.客户地址

(5)(　　)关怀信息送达率较高,在没有Wi-Fi或手机流量的情况下也能收到。

  A.短信　　B.旺旺　　C.微信　　D.电子邮件

2.多项选择题

(1)客户关系维护的对象有(　　)。

  A.现有客户　　B.非客户　　C.潜在客户　　D.竞争者客户

(2)微信公众号是开发者或商家在微信公众平台上申请的应用账号,该账号与QQ账号互通,通过公众号,商家可在微信平台上实现和特定群体的(　　)的全方位沟通、互动。

  A.文字　　B.图片　　C.语音　　D.视频

(3)以下哪种情况可以向顾客发出关怀短信?(　　)

  A.重要节日　　　　　　　　　B.公司重大活动

  C.客户生日　　　　　　　　　D.双方合作成功纪念日

(4)以下哪些信息属于售中关怀短信?(　　)

  A.您拍下的宝贝已经快马加鞭,正在送到您手中,单号是××××,请注意查收。

  B.您的宝贝目前已经到达您所在城市,请保持手机畅通,方便快递联系您。

  C.您的宝贝已经开始派送了,请注意签收。任何问题联系客服哦。

  D.您的订单已签收,麻烦您确认收货并好评!若有任何问题,请及时请直接联系客服哦,竭诚为您服务。

(5)在客户关系维护过程中,电话维护一般分为(　　)等情况。

  A.紧急事件沟通电话　　　　　　B.营销电话

  C.售后回访电话　　　　　　　　D.业务咨询电话

3. 判断题

(1) 吸引一个新客户的成本远远高于维护一个老顾客的成本。　　　　　　　　（　　）

(2) 帕累托定律又称为二八定律,其中一个体现就是要为 20% 的顾客花上 80% 的精力。

（　　）

(3) 客户关系维护可以通过打电话来进行,如售后回访。　　　　　　　　　　（　　）

(4) 在客户接待中,要注意添加客户为好友,这样方便后续的客户维护。　　　（　　）

(5) 微信公众账号只可通过 QQ 号码进行绑定注册。　　　　　　　　　　　　（　　）

4. 简答题

(1) 为什么要进行客户关系维护?

(2) 进行客户关系维护常用哪些方法?

5. 实训题

生活超市的客服经理打算在"双 11"期间做好客户关系维护,特地投入资金购买了大量的短信息服务。请以小组为单位,为生活超市选择关怀短信节点,并设计短信内容。要求:

(1) 关怀短信发送节点参照图 8.4,选择节点有理有据,为节省成本,不可全选;

(2) 短信息内容不可超过 60 字符(一个汉字 2 个字符,标点 1 个字符,字母 1 个字符)。

评分

题　号	一 (每小题 2 分,共 10 分)	二 (每小题 4 分,共 20 分)	三 (每小题 2 分,共 10 分)	四 (每小题 15 分,共 30 分)	五 (每小题 5 分,共 30 分)
得　分					
我的总分					
我的称号			总分 0 ~ 60 分	菜鸟客服	
			总分 61 ~ 80 分	银牌客服	
			总分 81 ~ 100 分	金牌客服	

参考文献

[1] 罗岚. 网店运营专才[M]. 南京：南京大学出版社,2010.

[2] 淘宝大学. 电商运营[M]. 北京：电子工业出版社，2012.

[3] 淘宝大学. 网店客服[M]. 北京：电子工业出版社，2011.

[4] 吴元轼.淘宝网店金牌客服实战[M]. 北京：人民邮电出版社，2015.